思想政治教育 优硕文库

中国高等教育学会思想政治教育分会
全国大学生思想政治教育发展研究中心 组织编写

本书为2021年度教育部人文社会科学研究专项任务项目（高校辅导员研究）“新时代大学生劳动精神培育研究（21JDSZ3089）”、广东省教育科学规划2021年度研究项目（德育专项）“新时代大学生劳动精神培育机制研究（2021JKDY004）”研究成果

当代大学生公共精神培育

DANGDAI DAXUESHENG GONGGONG JINGSHEN PEIYU

许丹丹 ◎著

知识产权出版社
全国百佳图书出版单位
—北京—

图书在版编目（CIP）数据

当代大学生公共精神培育 / 许丹丹著. —北京：知识产权出版社，2022. 10
ISBN 978-7-5130-8435-2

Ⅰ. ①当… Ⅱ. ①许… Ⅲ. ①大学生-思想政治教育-研究-中国 Ⅳ. ①G641

中国版本图书馆 CIP 数据核字（2022）第 204555 号

内容提要

公共精神作为现代文明的重要标志，是现代化进程中无法回避的现实课题。本书综合运用文献分析法、实证研究法、系统分析法与历史分析法，在界定当代大学生公共精神的科学内涵及核心要素的基础上，细致描摹当代大学生群体的公共精神实然现状，归纳其深刻本质与基本特征，明晰关于当代大学生公共精神培育过程中要遵循的价值、目标和原则，探索培育其公共精神的关键方法与可靠保障，最终立足于高校德育的完善、环境氛围的营造和实践活动的开展，以提升家庭、学校和社会的协同培育实效。

本书适合高校思想政治工作者及相关研究者阅读使用，亦可作为高校开展公共精神培育的参考用书。

责任编辑：李海波　　　　**责任印制**：孙婷婷

当代大学生公共精神培育

许丹丹　著

出版发行：	知识产权出版社有限责任公司	**网　　址**：	http://www.ipph.cn
电　　话：	010-82004826		http://www.laichushu.com
社　　址：	北京市海淀区气象路 50 号院	**邮　　编**：	100081
责编电话：	010-82000860 转 8582	**责编邮箱**：	lihaibo@cnipr.com
发行电话：	010-82000860 转 8101	**发行传真**：	010-82000893
印　　刷：	北京中献拓方科技发展有限公司	**经　　销**：	新华书店、各大网上书店及相关专业书店
开　　本：	720mm×1000mm　1/16	**印　　张**：	12.75
版　　次：	2022 年 10 月第 1 版	**印　　次**：	2022 年 10 月第 1 次印刷
字　　数：	200 千字	**定　　价**：	68.00 元

ISBN 978-7-5130-8435-2

总　序

为深入学习贯彻党的十九大精神及习近平新时代中国特色社会主义思想，全面总结思想政治教育学科设立 30 多年来取得的成绩和经验，提升思想政治教育学科研究生的培养质量和创新能力，推动思想政治教育学科建设和人才培养，在教育部思想政治工作司指导下，中国高等教育学会思想政治教育分会与全国大学生思想政治教育发展研究中心共同组织开展了思想政治教育学科优秀博士和硕士学位论文评选工作。

经过教育部直属高校及各省（自治区、直辖市）高校思想政治教育研究会分会遴选推荐、中国高等教育学会思想政治教育分会与全国大学生思想政治教育发展研究中心组织专家评审，第三批思想政治教育学科优秀博士和硕士学位论文已经揭晓。这些获奖论文选题紧扣思想政治教育领域规律性、前沿性问题，具有较高理论价值和较大学术创新贡献，一定程度上反映了思想政治教育理论研究和实践探索相关领域的重要进展与最新成果，对推动学科发展、理论和实践创新产生了积极影响，是新时代大学生思想政治教育创新发展的宝贵财富。

为进一步推动成果交流、转化和应用，为广大思想政治教育学科优秀博士和硕士毕业生出版理论与实践研究成果搭建平台、创造条件，在教育部思想政治工作司指导下，中国高等教育学会思想政治教育分会、全国大学生思想政治教育发展研究中心联合知识产权出版社共同建立“思想政治教育优博文库”和“思想政治教育优硕文库”，为思想政治教育学科优秀博士和硕士学位论文评选工作获奖论文提供出版资助。

学术有幸，薪火相传，希望广大思想政治教育专业博士生和硕士生树立问题意识，开展行动研究，聚焦当前时代的重点难点问题，回应重大理论现实关切，着眼指导和服务实践，坚持理论联系实际，通过扎实研究，深入探索，推出有影响力和感染力的高质量研究成果。

中国高等教育学会思想政治教育分会
全国大学生思想政治教育发展研究中心
2018 年 8 月

前　言

随着经济全球化、世界多极化、文化多元化与社会信息化的深入发展，我国面临着深刻而广泛的现代化变革任务。公共精神问题作为现代文明的重要标志，是现代化进程中无法回避的现实课题。现代化特别是我国社会主义经济的市场化，推动了我国城市化与都市化发展，使社会生活出现了公共化趋势，打破了传统“熟人社会”公共交往结构和私人领域的清晰界限；现代化网络技术的发展，贯通了世界各国与全国各地，开辟了虚拟的网络公共交往空间。线上线下有序的公共生活与公共交往急需与之相适应的公共理性，作为社会主义建设者和接班人的高校大学生同样更应积极主动、理性有序地参与公共事务。当代大学生多为“95后”群体，他们思想意识活跃、个人自主意识强烈，针对社会热点、公共事件有着强烈的表达意识，但是受制于自身知识、经验和阅历，在参与公共生活时，往往难以达到完全客观、理性的价值判断与实践行动。本书综合运用文献分析法、实证研究法、系统分析法与历史分析法，试图在界定当代大学生公共精神的科学内涵及核心要素的基础上，细致描摹当代大学生群体的公共精神实然现状，归纳其深刻本质与基本特征，明晰关于大学生公共精神培育过程中要遵循的价值、目标和原则，探索培育的关键方法与可靠保障，最后立足于高校德育的完善、环境氛围的营造和实践活动的开展，以期提升家庭、学校和社会的协同培育实效。

第一章详细介绍了问题的缘起、研究现状、研究方法、研究内容与创新之处。

第二章深刻诠释了当代大学生公共精神的科学内涵与基本内容，通过对公共精神及相关概念的梳理与阐释，概括出当代大学生公共精神的核心要素为独立的人格精神、公共参与精神、公共责任意识和公共规则意识，从而进一步阐明当代大学生公共精神培育的理论基础、历史源流与现实诉求。

第三章深入透视了当代大学生公共精神现状，并针对出现的主要问题进行归因分析。本章以大学生公共精神核心要素为依据设计调查问卷，选取中山大学、兰州大学、吉首大学等 9 所高校大学生 570 份调研样本，进行公共精神现状的实证分析，得出当代大学生公共精神呈现出自主意识与自律性矛盾并存、理性批判的稳健性与随意性伴生、价值取向的现实性与价值判断的理想化共存的基本特征。继而进行归因分析：一方面，公共领域的健康发展使大学生公共精神得以彰显，新媒体为公共领域及公共精神的拓展提供技术支撑，当代大学生主体意识增强为培育公共精神提供了前提；另一方面，传统家族伦理本位延迟、“群体”与“个体”关系混淆、部分落后腐朽文化因素等制约了公共精神的形成。

第四章着重探讨了当代大学生公共精神培育的价值、目标与原则。首先，指出当代大学生公共精神培育具有持续推动我国现代化发展、在民族精神的传承中明确“公”与“私”的现代定位、熔铸新时代信仰等社会价值；具有塑造个体人格提升“软实力”、锻炼公共参与技能和知识水平增强“硬实力”、推动高校建设和新媒体信息管理助推平台革新等个体价值。其次，确立了当代大学生公共精神培育的三级目标：公共精神的认知目标、参与公共事务的情感目标、理性的公共行为目标。最后，归纳出当代大学生公共精神培育必须坚持党的领导和以人民为中心的发展思想的政治性原则、德治与法治相结合的方法论原则、彰显社会主义核心价值体系的内在动力的根本性原则。

第五章主要厘清了当代大学生公共精神培育的关键、方法与保障。培育大学生公共精神的关键在于把握培育的契机选择、强化培育的主客互联和注重培育的过程可控三个方面；明确培育当代大学生公共精神应采用理论与实践相统一、培育与生成相结合、隐性与显性相交互等一般方法，同时充分发挥家庭、高校和社会相互配合等具体方法。最后，研讨了资源保障以提供活动基础、思想保障以丰富精神内涵、制度保障以回应时代要求，为当代大学生公共精神培育提供各项保障。

第六章在遵循大学生公共精神形成规律的基础上，集中探讨了培育当代大学生公共精神的现实路径。一是立足于高校德育的完善以培育大学生公共精神：提升公共精神认知水平，增强“主渠道”教育实效；充实德育内容，契合当代大学生公共精神核心要素；强化自我教育，养成个体理性；正视多元冲突，培育公共理性。二是立足于环境氛围的营造以培育大学生公共精神：坚持以社会主义核心价值观涵育当代大学生公共精神；依托强大的舆论宣传，营造社会公共精神氛围；加强校园文化建设，营造校园公共精神氛围；优化网络环境，增强网络责任意识。三是立足于实践活动的开展以培育大学生公共精神：整合各类公共资源，拓展大学生公共生活空间；鼓励参与公共事务，促发大学生理性公共行为；以志愿服务活动为载体，养成大学生自觉服务意识。

目　录

第一章　绪　论

第一节　问题缘起

一、研究背景

改革开放40多年来，我国社会主义现代化建设取得了历史性成就，中国社会的发展站到了新的历史起点，市场化、信息化、城市化推动了社会主义市场经济飞速发展，同时拓展了人们的公共生活与公共交往空间，丰富了人们的精神文化生活。随着公共交往越来越多，公共空间越来越大，公共生活越来越重要，公共精神逐渐成为人们共同追求的价值理念。

1949年中华人民共和国成立后，历经近30年的发展，我国通过社会重建与治理模式的实践摸索，围绕社会利益和社会资源、机会的合理安排，形成了一套独特的体制机制模式，并通过有效控制和调节，为公共社会的发展构建了相应的社会认同模式。1978年改革开放后，经济领域的重大变革打破了农村自给自足性经济结构，使社会生活组织发生了重大变化，开启了社会体制建设的新纪元，随后改革开放由最初的经济领域扩展至整个社会领域。社会领域最重要的变化是从一元化社会转变为多元化社会，在此过程中催生了各种新生力量，他们谋求在公共领域中有所发展，有所作为，有所建树。社会理念和社会形态的多元化使过往的社会秩序和社会认同基础条件也有所变化和发展。公共生活领域逐渐扩大，社会交往日益频繁，公共精神在维护公共秩序、社会和谐稳定中的作用更加突出。近些年来，我国民众在面临甲型 H1N1 流感、H7N9 型禽流感、新型冠状病毒肺炎等重大疫情，在抗击地震、水灾、雪灾等自然灾害，在举办奥运会、亚运会、全运会等重要活动时，表现出了较大的公共参与热情和积极的公共情感，折射出了公民应有的责任与担当。同时也应注意到，伴随着市场经济确立的个体自主性并没有向外顺利扩展，反而呈现出内卷化的趋势。随着网络信息技术的快速发展，面对虚拟空间的快速拓展和因特网络的信息洪流，由于自身心智和知识阅历有限，部分大学生在参与一些社会热点或时事话题时，选择“漠不关心”或非理性发声，也有个别人无视公共利益和社会道德，只考虑自身“私利”，缺少对公共精神的合理认知和正确理解。总之，大学生对于公共事务的态度与践行不尽如人意。特别是在大学校园，旷课迟到、上课玩手机、就餐随意插队、考试违纪违规、休息期间宿舍吵闹、不讲公共卫生、随意破坏公物等现象仍会出现。如果这种不良的公共行为长期得不到改变，势必造成严重后果，不仅会导致人心冷漠，社会风气日下，个体之间的信任岌岌可危，甚至会阻碍和谐社会的顺利构建。因此，从理论上研究大学生公共精神培育的相关架构，从实践上探求大学生公共精神的培育路径是现实社会提出的客观要求。如何结合新的时代背景，从战略高度结合当代大学生的实际变化，重新构建新时代社会认同就成为一个亟须研究的重大课题，也是社会主义道德建设面临的重要问题。

公共精神是衡量一个国家和社会现代化程度的重要指标，更是考核现代社会公民是否适应现代化要求和发展的一个重要标准。它能促使社会成员积极主动融入公共空间，自觉维护公共利益，遵守公共规则，并理性地追求公共目标；它能促使大学生由传统意义上的以家族为纽带的“依赖型”个体向有独立自主精神、公共参与精神、公共责任意识和公共规则意识的社会人转变。实现对公共精神的真正认同与践行，对于大学生融入公共社会的参与，维护大学生在参与公共事务中的本体性安全，重构其生活道德的社会责任感具有重要意义，也是大学生在社会中正常生活、顺利生存的基本条件。在高校和大学生的公共领域范围之内，当代大学生作为现代化建设的接班人、未来社会的中流砥柱，具有较高水平的科学文化知识和道德伦理修养，他们的思想观念、价值取向和道德追求对公共社会中的其他社会成员有着引领与示范作用。在中国特色社会主义事业进入新时代的历史方位后，在社会主要矛盾发生深刻变化的现实语境中，大学生肩负着愈加重要的时代使命，承担着国家繁荣进步的历史任务，对社会发展起着关键性作用，这时大学生公共精神必须坚定出场、坚实在场。大学生们只有承担起应尽义务和应守责任，努力参与到社会公共事务实践中去，才能弘扬社会主义核心价值观念，促进整个社会文明程度向前发展，为构建社会主义和谐社会夯实基础。

二、研究意义

（一）理论意义

一是拓展了公共精神相关研究的视域空间。关于公共精神的相关研究是近年逐渐兴起的研究视域，一方面，本书在借鉴已有研究成果的基础上，通过与相关概念对比，重新界定了公共精神的概念，为深化公共精神的相关研究作出了有益尝试。另一方面，这一研究使公共精神的研究向大学生这一重要群体扩展，实现了大学生公共精神内涵的“新突破”。同时，界定了大学生公共精神四大核心要素，并将大学生独有特征添加其中，弥补了关于大学生公共精神概念及其培育基础理论探讨的不足。另外，针对实证调查结果，创新培育方式，提出在实践和教育的双重作用下，促进大学生个体理性向公共理性转变的现实对策。这在一定程度上拓展了公共精神的研究视野，进一步完善、补充了大学生公共精神理论厚度，充实了新时代思想政治教育内容向度。

二是促进当代大学生公共精神培育体系的完善。人作为社会性动物，无法离开社会生存，个体的公共精神也同样源于人自由全面发展的需要。大学生公共精神的培育关系着大学生主体意识和公共行为的养成。首先，大学生公共精神的培育有利于其公共精神认知认同的深化发展，引导其以理性公共精神武装头脑，树立有序参与公共生活的意识。其次，大学生作为未来担当民族复兴重任的时代新人，也作为成长于现代化环境中的精英群体，研究其公共精神的培育有利于其在公共精神的指引下逐渐具备管理公共事务的能力、掌握相关公共活动知识，从而更好地提升责任意识、法治意识、平等意识等公民素质。最后，不论是高校还是家庭，不论是社会团体还是政治活动，现代公共精神的培育是连贯性、科学性、实践性的体现，教育者需要“育人自育”，探索改进相关教育体系，引导处理好自律与他律的关系，强化相关法律约束，教育者与受教育者一道以公共理性精神培育为目标，促进公共精神培育体系的建立完善。

三是为相关部门提供公共精神培育策略参考。当代的大学校园已不再是传统意义上的象牙塔，俨然成了一个小型“社会”。因此，大学生群体并非生活在纯粹的校园环境中，他们也会受到现代化发展带来的各方面因素的影响，加之自身因素的制约，其公共精神有待进一步提升。本书旨在通过大学生公共精神的研究，深化大学生对于自身公共精神存在样态的了解与认识，让大学生认识到公共精神对于他们自身全面发展的重要价值，引导其主动自觉地进行公共参与，践行公共善，提升公共精神。此外，本书针对大学生公共精神的现状与特点，提出相应的对策，期望能为相关教育管理部门及高校培育和提升公共精神提供一些思路与借鉴。

（二）现实意义

一是回应现代社会发展的时代要求。公共精神的培育是我国现代化转型的时代要求，社会治理能力的提高和公共空间的拓展对相应的公共精神有着迫切的需求。公共精神从西方流传而来，但更重要的是要适应我国国情，扎根于中华优秀传统文化之中才能得到良性发展。以爱国主义为核心的民族精神为公共精神的培育打通了民族血脉，“先天下之忧而忧”“为生民立命”的担当意识成为千千万万中国人的座右铭。因此，立足于维护集体利益的公共精神培育，有助于促进大学生自主自觉关心公共活动，展现了当代大学生对政治平等、权利责任、信任宽容、团结协作等核心价值的追求，有利于促使集体利益的实现，以回应现代社会对于公共生活有序参与、呼吁公共理性的现实要求。

二是直面当代大学生公共精神培育的新起点。习近平总书记在党的十九大报告中明确作出中国特色社会主义进入新时代的重大政治论断，准确反映了中国特色社会主义在长期建设中取得的历史性成就、党和国家事业发生的历史性变革。新时代对青年人尤其是大学生提出了更高的期望与要求。大学生作为公共事务参与的重要主体，他们对公共生活的精神状态和实际参与感是实现美好生活的题中之义。大学生群体对新鲜事物有强烈的好奇心且思维方式“天马行空”，对社会中公共事件的关注度更强或者关注范围领域更广阔。经济社会的快速发展、时代际遇的变化及网络信息的“爆炸式”传播，加之新时代大学生多数都接受了较为良好的专业知识或者通识知识教育，使得他们在面对公共事务或者社会热点事件的时候，能够利用自身所学知识，理性、有针对性地发表自己的观点或者看法。这是高校进行公共精神培育面临的新基础与新境遇，进行当代大学生公共精神培育研究有利于我们在遵循学生发展规律与教育规律的基础上，直面大学生公共精神培育新起点。

三是应对当代大学生公共精神培育的多重新挑战。经济全球化、文化多元化、社会信息化背景下的中国，面临着西方文化殖民主义的泛滥与侵入，一些资本主义发达国家不遗余力地向我国传输资本主义的思想观念，试图将自身的价值观念与意识形态凌驾于我国的思想意识之上，以便达到文化霸权的目的。这种无孔不入式的宣传和灌输，冲击着中国传统道德观念，干扰了大学生的公共理念和公共精神的产生。受西方不良社会思潮中的拜金主义、个人主义影响，个别大学生个人意识膨胀，集体主义和社会主义责任意识淡漠，社会公共道德缺失。对大学生进行公共精神培育，有利于解决社会发展中的诚信问题缺失，抵制种种不道德、不文明的行为，复归社会基本的公共道德观念的价值立场，引导大学生在思考问题与社会活动的过程中，更多地从他者角度、他者利益出发，积极维护社会公共利益，为中华民族伟大复兴的中国梦贡献一已之力。

除此之外，随着互联网的普及，参与社会公共事务，发表自己的意见与讨论似乎已经成为一个潮流。新媒体创生了一种新的公共精神教育生态环境，作为一种不可逆转的时代潮流，它向当前新时代大学生公共精神的教育实践提出了新的挑战：新媒体提出了推动大学生教育革新与教师角色转换的时代要求，丰富的网络信息极大地拓宽了大学生的思维与视野，但大学生面对公共事务的知情度往往停留在简单的浏览阶段，缺少实质性的沟通互动，这对传统的高校育人模式形成了冲击和挑战。部分大学生由于自身知识的局限性、信息海洋的冲击，加之恶意媒体的刻意引导，容易被带动情绪，被动地出现非公共理性参与，因此，唯有进行大学生公共精神培育的相关研究，才能引导学界对相关问题的关注程度，更多致力于对提升当代大学生公共精神培育现实路径的探索与尝试，逐步提升其公共理性与公共行为能力，以应对线下与线上的多种挑战，促进我国公共生活有序、理性地向前发展。

第二节 研究现状

本书以国内外有关“公共精神”的研究成果作为切入点，在分类梳理和集中总结的基础上，耙梳公共精神培育的相关研究现状，并对公共精神理论及具体实践问题进行深入系统研究。

一、国外研究现状

“公共精神”这一概念，自启蒙运动以来，随着公共理性的倡扬，逐渐受到西方学者的青睐。查阅相关资料发现，国外关于公共精神的直接学术研究比较少见，与公共精神相关的研究，主要以“公共性”“公共领域”“公共理性”等作为重点和关键词，涉及领域包括政治学、行政学、伦理学、哲学和心理学等学科。主要代表性著作有汉娜·阿伦特的《人的条件》、哈贝马斯的《公共领域的结构转型》、罗伯特·帕特南的《使民主运转起来：现代意大利的公民传统》、马克斯·韦伯的《新教伦理与资本主义精神》等。20世纪中后期，公共精神开始成为西方学术界的新宠。这类研究主要从全球化的应对、商议民主、公共精神的培育及改善等视角来研究公共精神。归纳起来，国外关于公共精神的研究主要涉及以下几个方面。

（一）关于“公共性”问题的研究

西方关于公共精神的研究最早可以追溯到古希腊时期，其中以亚里士多德作为代表。他极力推崇公民美德，认为城邦的善是城邦所有成员追求的共同价值目标。“一种善即或对于个人和对于城邦来说，都是同一的，然而获得和保持城邦的善显然更为重要，更为完满。一个人获得善值得嘉奖，一个城邦获得善却更加荣耀，更为神圣。”❶ 汉娜·阿伦特提出，一方面，任何事物都有可能因为公开性的性质被社会上的任何一个人有所耳闻、有所参与；另一方面，“公共”这个词在某一程度就意味着公开和开放，区别于私人领域和私人场所。“就对我们所有人都一样而言，就不同于我们在其中拥有的个人空间而言，‘公共’一词表明了世界本身。”❷ 康德则认为“公共性”是社会中的共同体生存的一种普遍价值和本质属性；麦金太尔反对脱离具体的生活境遇，孤立地、抽象地谈论公民的公共精神，他认为公共精神指的是某一历史文化时期生活着的人，身上体现出的具有现代社会发展过程中的德性修养、文明规范以及公共人格。除此之外，马克思也在他的相当多的著作中提到关于“公共性”问题，主要关涉公共性价值理念方面，包括人的社会属性、人的社会实践以及共产主义理想三个方面。

（二）关于“公共领域”问题的研究

关于“公共领域”问题的研究，西方以汉娜·阿伦特的《人的条件》（上海人民出版社 1999 年版）、哈贝马斯的《公共领域的结构转型》（学林出版社 1999 年版）为代表作，他们提出过很具代表性的观点。而罗尔斯的《政治自由主义》（译林出版社 2000 年版）、罗伯特·帕特南的《使民主运转起来：现代意大利的公民传统》（江西人民出版社 2001 年版）等著作，也对更加深入研究这一问题作出了突出贡献。西方研究者一致认为，公共精神孕育于公共领域当中。因此，考察公共精神一般从公共领域开始。汉娜·阿伦特在对古希腊人民的公共生活和私人生活进行观察和对比后，认为“公共性”是一个复数概念，继而较为全面地解释了公共性这一概念，“它首先意味着，在公共领域中展现的任何东西都可为人所见、所闻，具有

---

❶ 亚里士多德. 亚里士多德选集：伦理学卷 [M]. 苗力田，译. 北京：中国人民大学出版社，1999：5.

❷ 汉娜·阿伦特. 人的条件 [M]. 竺乾威，等译. 上海：上海人民出版社，1999：40.

可能最广泛的公共性”❶。公共性是人的境况之一，也是人类的存在条件，公共性也在肯定着人的“类”的特性。汉娜·阿伦特认为人只有超越了私人领域的狭隘空间才能体现人的“能群”本质。公共性是人类生活中的世界所赋予的一种公共性的内在机制和衍生发展，不被任何规则所强迫，也不是人类社会所强加给世界的一套枷锁，它是人类社会所独有的社会属性。相较于汉娜·阿伦特对于公共领域的研究，哈贝马斯更为深刻，他不仅从历史维度考察，还立足现实状况进行分析。哈贝马斯从古希腊的历史现实出发，认为人类社会有“公”和“私”的区别，“公”代表国家，“私”则代表市民社会，人们可以在公共领域发表意见，进行交往，但此时的“公”和“私”并不是真正意义上的公共领域。直到17、18世纪，资产阶级用法律手段确立了私有财产不可侵犯的准则，这才确立了私人领域的合法性地位，真正意义上的公共领域随后产生。在现实状况的分析上，哈贝马斯注重于资产阶级公共领域的规则、规范的确立。他认为由那些高知识、高素养的市民组成的公共领域，市民积极参与公共活动，才能形成公众对于公共权力的监督。在哈贝马斯的观念里，公共领域只是一种社会的“公”与“私”的二元对立的功能性概念，且能发挥出批判社会的功能。

（三）关于公共精神科学内涵研究

何谓公共精神？自古以来，哲学家、社会学家以及各种学术学派都试图以自己的立场、观点和角度，发掘出其背后所蕴含的深刻含义。真正的公共精神被各家所公认的就是其自身所蕴含的“公共性”。伴随启蒙运动的兴起，社会生产方式的变化和生产力水平的快速提高，人与人之间的交往范围不断扩大、交往方式变得灵活、交往目的纷繁多样，在此背景下社会需要产生新的符合社会发展进步的精神样态，要求以个人的自我意识和自我精神独立作为基础和保障的公共精神势必“破土而出”。法国的社会学家、历史学家托克维尔在他的著作《论美国的民主》中通过描述19世纪美国社会中公共精神的陨落，认为公共精神应该包括独立自主、公平和对家

---

❶ 汉娜·阿伦特. 人的条件［M］. 竺乾威，等译. 上海：上海人民出版社，1999：38.

乡的归属感的内容，对于公共精神的培育则要通过宗教、乡村教育和公民教育等途径。乔治·弗雷德里克森认为，“美国社会仍然在运转，这一事实的确表明了公共精神还是在发挥作用的。社会存在着各种形式的公共生活，它们把个人和集体的力量引导到共同的或者公共的目的上来”[1]。而加拿大的社群主义思想家泰勒则认为，公共精神超越了利益诉求，社会中的公众可以在公开场合或者公共领域发表自己的意见，展开一定形式的辩论，在一定程度上是所有社会群体私人观点的总和。

（四）关于大学生公共精神问题的研究

直接关涉大学生这一群体公共精神的研究较少，在 Academic Research Library(ARL)学术研究期刊数据库中查找到的资料，也主要集中于高校社团中的交往、高校学术、大学生公共行为、中西方大学生对比等角度，如 *The Impact of Internship in Public Organizations on University Students' Perceptions and Career Choice*, *Finding the Individual: The Spirit of Public Administration*, *Public Responses to Intimate Partner Violence: Comparing Preferences of Chinese and American College Students* 等。

二、国内研究现状

国内关于公共精神的研究最早可以追溯到近代，早期研究大都从旧中国落后就要挨打、救亡图存的时代背景，公共精神产生的社会历史条件角度出发，探讨公共精神的国民性及中国人为何缺少国民性这一问题而进行的相关研究。自 20 世纪 90 年代末起，我国学术界开始对公共精神这一新兴的热点话题进行全方位、多角度、多层次的研究和探讨，其中关于公共精神的一些基本理论问题已经相对比较成熟。但总体来说，国内关于公共精神较为系统的研究专著相对较少，仍处于摸索和继续前进的时期，相关代表著作有刘鑫淼的《当代中国公共精神的培育研究》（2010）、彭继红的《公共精神生活管理引论：基于社会主义宗教论视域》（2004）、卜玉华的

---

[1] 乔治·弗雷德里克森. 公共行政的精神 [M]. 张成福，等译. 北京：中国人民大学出版社，2003：27.

《班级生活与公共精神的养成》(2008)、高丙中和袁瑞军的《中国公民社会发展蓝皮书》(2008)、谭安奎的《公共理性与民主理想》(2016)等，而关于大学生公共精神的研究并没有系统的专著。经过资料梳理后发现，学术界关于公共精神及大学生公共精神的研究主要集中在近十年，主要从以下几方面展开。

（一）关于公共精神的研究

（1）关于公共精神定义的研究。就目前的研究而言，多从不同视域揭示公共精神基本内涵及本质，从不同角度界定公共精神的概念，这为进一步深化“公共精神”的相关研究奠定了良好的基础。林语堂的《吾国与吾民》一书较早提及“公共精神”一词：“‘公共精神’为一新名辞，‘公共意识’一辞亦然，‘社会服务’一辞亦然，中国原来没有这种东西。”[1] 但是，他对于“公共精神”并未作出明确的解释与定义。张成福描述了现代公共行政的公共精神，包括民主的精神、法的精神、公正的精神、公共服务的精神。[2] 李萍认为，“公共精神是指以利他方式关心公共利益的态度和行为方式”[3]。刘亚亮分别从道德伦理层面、政治价值层面、社会制度层面解读了公共精神的内涵。另外，彭继红认为，“现代公共精神是孕育于公共领域之中的位于最深的基本道德理想和政治价值层面的以民众利益和社会需求为依附的价值取向，它包含民主、平等、自由、秩序、公共利益和负责任等一系列最基本的公共范畴”[4]。刘鑫淼认为，公共精神是孕育于人类公共生活之中的、以公共性作为价值皈依的、位于人类心灵深处的基本道德和政治秩序观念、态度和行为取向。[5] 可见，多数学者观点都涉及公共性与公共生活，但相关概念界定并未达成普遍一致。

（2）关于公共精神的特征研究。关于公共精神特征的相关研究，较有

---

[1] 林语堂. 吾国与吾民［M］. 长沙：岳麓书社，2001：148.

[2] 张成福. 论公共行政的“公共精神”［J］. 中国行政管理，1996（5）.

[3] 李萍. 论公共精神的培养［J］. 北京行政学院学报，2004（2）.

[4] 彭继红. 论20世纪中国公共精神的复兴和重建［J］. 湖南师范大学社会科学学报，2003（6）.

[5] 刘鑫淼. 当代中国公共精神的培育研究［M］. 北京：人民出版社，2010：38.

代表性的论文有唐斌的《社会资本视阈中的公共精神：缺失与培育》、俞睿的《公共领域与公共精神的关系演变》、陈永森的《和谐社会与公民的公共精神》、王雅丽的《当代中国公共精神研究》等。其中，王雅丽认为，“公共精神具有共时性和历时性相统一、相对性和绝对性的相统一、政治性和伦理性的相统一、理性和价值的相统一的特征”❶。有一些学者认为“辐射性”是公共精神的另一特征，如谭莉莉的《公共精神：塑造公共行政的基本理念》、吴琦的《公共精神：和谐社会的内在价值诉求》、梁贵红和周乐秋的《论构建我国公民的公共精神》等。他们认为公共精神不仅能够影响拥有它的人，还能够辐射到其他人身上，并使其得到强化。还有一些学者认为公共精神的最大特点就是体现在“公共性”上，社会中的任何人都有责任、有义务去维护这个社会所公认的道德原则，最终达到一种直接影响、辐射和强化他人的带头作用。

（3）关于公共精神的发展历程及中西对比研究。有些学者从历史的维度对公共精神的发展脉络进行了纵向梳理，从现实的维度对中西方的公共精神进行了横向对比。麦高温在《中国人生活的明与暗》中提出了中国人只有家庭意识，没有公共精神。温振英和陈付龙在《论我国公共精神生长的历史进路》、赵红全在《论我国公共精神的现代转型》、刘京在《“公共精神”和近代中国民主政治的道德探索历程》中详细描述了我国公共精神的发展历程及当代中国公共精神的转型与培育。刘娜的《日本公民馆与公共精神的培育》、王涵的《美国进步时代公民公共精神的培育》、梁晓玉的《日本公民馆在公共精神培育中的作用及对我国的启示》等，考察对比了国外的公共精神的历史进程、现状、培育经验及对中国公共精神培育的现实启示。由于历史文化传统、政治经济制度及社会发展水平的差异性，中国和西方所强调的侧重点与立足点也各有千秋。西方强调公共精神诞生的社会条件是民主和健全的社会体制，产生的思想条件也与基督教思想、自由主义思想紧密结合在一起，所以西方公共精神更倾向于“向善”观念，更加注重个体的自觉意识，更多强调国家和个体之间的公共领域，最终呈现

❶ 王雅丽. 当代中国公共精神研究 [D]. 北京：清华大学，2016.

出以权力为中心的公共精神导向；中国自古强调“家国一体”的概念，国家与社会之间并没有出现明显的“敌对”关系，公共精神大多数明显指向的是“国家”这个大的概念，成为一种政治上的信仰和道德上的约束，深深扎根于整个世俗社会的四面八方，最后以德性为导向的公共精神被呈现出来。

（4）关于公共精神与政府、公共行政的关系研究。部分学者从政治学视角展开了对公共精神与政府关系的研究，主要集中在以下几个方面：王春福撰写的《公共精神与政府执行力》认为，“政府的执行力是保证政令畅通的首要条件，直接影响政府的公信力，甚至影响政府的合法性”❶。杜兴艳的《公共精神：我国政府人力资源开发的根本价值取向》、胡洪彬的《公共精神与政府善治的建立》则集中讨论了公共精神与政府执行力、人力资源开发能力及政府治理等方面的关系，强调公共精神的重要性，以及在政府管理的视域下探求培育公共精神的现实路径。其中，关于公共精神与公共行政的关系，主要成果有谭莉莉的《公共精神：塑造公共行政的基本理念》、芮国强和常静的《公共精神型塑下的行政转型》、刘少枫的《公共精神——公共行政发展的内在价值诉求》等，他们从政治学视角，研究公共精神与行政的关系，并且提出怎样利用公共精神促使公共行政的良性发展。刘志平的《政府善治模式下的公共精神研究》一文，从行政学的角度出发，研究了行政领域内政府善治处理好公共精神二者之间的关系，探讨了在政府善治模式下公共精神如何更好地发挥作用，以及最终公共精神究竟如何为政府善治提供伦理平台。

（二）关于大学生公共精神的研究

“95后”“00后”大学生群体因其独特性，成为“公共精神”的重点研究对象。近些年关于大学生公共精神的相关研究涉及思想政治教育、心理学、教育学、政治学和行政管理多个学科，研究领域广泛。

（1）关于大学生公共精神内涵的研究。关于大学生公共精神的定义，

---

❶ 王春福. 公共精神与政府执行力［J］. 理论探讨，2007（1）.

李萍教授的观点被广泛接受，她认为“公共精神的本质是‘利他’，核心在于旗帜鲜明的‘公民气质’，落实于公共生活之中，由人的公共性本质决定主观意愿主动寻找动力，自主地寻求公共利益，且在态度、行为方式与他人或公共环境上达到和谐共处，大学生公共精神也是这样的一种精神样态”❶。朱蕾认为，大学生身上肩负完成民族复兴的重大历史使命，没有公共精神作为后盾支撑，复兴大任很难完成。廖娟则提出大学生的公共精神主要是大学生具有“公共人”的意识，同时对社会公共事件具有积极的关怀态度和强烈的公共责任感，形成具有理性表达的公共素养，最终呈现出来一种“利他”的公共行为参与方式。

（2）关于大学生公共精神的培育现状研究。针对当代大学生公共精神现状，大多数学者采用问卷调查、深度访谈等量化研究与质性研究相结合的方式进行。时昱、沈德赛指出，当代青年从整体上来看，对公共事务及社会参与的态势是健康且积极的，但是不可避免地出现了对公共事务参与面过于狭窄、参与的渠道不够顺畅，以及容易受到非理性因素影响的现象。何植民、余继成指出，当前中国青少年的公共精神培育从整体上来看，已经具备了较强的公共意识、公共精神和公共责任。“由于大学生在自身认识和家庭、社会教育上存在一些问题，同时受到传统文化和市场经济的负面影响，在现实生活中仍有相当一部分大学生公共精神缺失。”❷ 徐锋华认为，“目前的在校大学生，面对多元化的社会现实，一部分大学生的伦理道德出现了滑坡，尤其体现在公共精神的缺失上”❸。余世锋认为，“从整体上看，大多数大学生有较强的现代公德观念，认同遵守公共秩序、爱护公共财产、讲究公共卫生、诚实守信，具有一定的公共意识、公共精神和社会责任感。然而，在现实生活中，依然有许多大学生缺乏必要的公共精神”❹，如自制行为的缺失、责任意识的淡薄等。

（3）关于大学生公共精神问题归因的研究。大多数的专家学者都认同

❶ 李萍．论公共精神的培养［J］．北京行政学院学报，2004（2）．

❷ 何植民．当代大学生公共精神的培育［J］．当代青年研究，2006（12）．

❸ 徐锋华．“90后”大学生公共精神培育的路径探讨［J］．教育探索，2013（1）．

❹ 余世锋．浅议大学生公共精神的缺失及培育［J］．琼州大学学报，2006（3）．

造成当前大学生公共精神培育呈现如此现状的原因是复杂的、多样的。有学者提出，中国自古以来就强调集体主义，缺少个体主义的培育，中国缺乏理性主义和公共精神生存、发展的精神土壤。❶ 马俊峰认为，当今正在面临巨大转型——市场经济的飞速发展和社会整体性所孕育的精神气质及所需要的价值引领，都呼唤新的符合主流精神的现代公共领域的公共精神支撑。崔建利认为，公共精神作为高校思想政治教育的一种文化价值诉求，在社会公共事务的参与中扮演重要角色，但当前大学生的公共精神培育方面，出现了“认知空镜”现象。究其原因，当前培育大学生公共精神主要依靠思政理论课为依托，而道德文化多元、价值判断摇摆化和信息网络化教育环境的虚化，都在无形中抢先影响大学生对公共精神的认知感受度与实际践行方式。

（4）关于大学生公共精神培育路径的研究。关于如何培育大学生公共精神，刘政妍、李贺主要从三个方面提出解决大学生公共精神缺失的途径，即开展社会实践活动培育大学生的公共精神，加强自我修养，树立大学生的公共价值观以扩大社会公共空间。❷ 孟凡辉、胡晓红认为，加强对大学生公共精神的建构，目的是促进建设具有强烈的公共情感、公共理性、公共精神的公共人的养成，这需要多方面的配合和协同，一方面要在理论层面加强对社会责任的公共性诠释，另一方面学校和社会要在实践路径方面作出积极的探索。罗国斌、曾昭皓认为培育大学生公共精神，要提倡自主自律，加强大学生公共精神的自我修养；增强人格独立意识，树立正确的公共精神价值观；健全管理制度，加强公德教育和道德实践教育；进行全面的生态教育，培养生态道德行为。❸ 田媛、李梁论述了学校教育是大学生公共精神塑造的基本途径，辅之以社会教育和大学生自我教育才会取得良好效果。尹婷婷则认为要借助“物联网+”的时代优势，深化当代大学生对社会公共事务及公共参与的有效性和认同性。唐彬认为可以从教学渗透、育

---

❶ 王海兰. 我国当代大学生公共精神培育的研究［D］. 秦皇岛：燕山大学，2012.

❷ 刘政妍，李贺. 大学生公共精神现状调查分析——以沈阳某大学城为例进行的研究［J］. 中国商界（下半月），2009（3）.

❸ 罗国斌，曾昭皓. 论大学生公共精神的缺失及其对策［J］. 经济与社会发展，2005（2）.

人环境的优化、社会实践的深入几个方面入手。

（5）关于大学生公共精神培育价值的研究。徐锋华针对大学生公共精神培育的价值做了专门研究。他认为，“对大学生进行公共精神培育对于促进大学生向社会人转变、构建和谐社会、促进社会公共精神的确立与发展、克服参与全球化进程中的不利因素等都具有重要的意义”❶。另外，田媛和李梁的《当代大学生公共精神培育再思考》、李永华的《大学生公共精神培育与公共参与实践：以校长信箱为例》、马汝伟的《新时期大学生公共精神的塑造》等文章基本上从主观和客观两个角度来论述这一问题。一是大学生自身角度。大学生所处的高校校园从本质上讲就是公共领域，宿舍生活、班集体生活都涉及公共规范和伦理道德。大学生尽管总体上来看具有较强的道德规范意识，但校园中也不乏各种违纪行为，公共精神教育亟须加强。大学生公共精神的培育如果能取得良好效果，其自身的整体综合素质也会得到提高，也能为其走向社会打下良好基础。二是社会现实境遇。首先，现如今的校园文化氛围仍须强化，校园秩序的维护需要大学生公共精神的提高。其次，大学生作为社会的重要组成成员，作为现代化建设的生力军和高知群体，他们是否具有理性的公共精神直接关系到和谐社会建设与现代化建设的成败。

（6）关于不同视域下的大学生公共精神研究。经查阅资料发现，对于大学生公共精神的其他方面研究主要关涉构建和谐社会角度、社会现代化角度及高校管理等视角。路壮志撰文《和谐社会视野下的大学生公共精神塑造》，他认为塑造大学生公共精神是建设社会主义和谐社会的题中之义和现实要求。郭李君以现代化的独特视域探讨了大学生公共精神的养成。董焕敏和李智军的《高校学生社区管理的善治与大学生公共精神的培育》、彭凤飞的《民办高校宿舍管理中培养大学生公共精神问题探讨》从高校管理角度探讨大学生公共精神对于学校管理的重要性及大学生公共精神的养成提升问题。

---

❶ 徐锋华，祁正新．论大学生公共精神培育的价值［J］．江苏高教，2012（5）．

（三）研究述评

关于大学生公共精神培育问题，已经得到国内外学界的关注，研究理论与成果也较为丰厚。其中，学界对涉及公共精神的内涵、培育内容及当下条件下公共精神培育的必要性已经有了基本共识，众多学者对公共精神作出的每一步探索都为本书的写作及深入研究提供了基本遵循和理论基础。中华人民共和国成立以来，中国历经站起来、富起来到强起来的历史性飞跃，国家实力不断增强，人们的物质生活需求得到极大满足，精神生活的不懈追求就成为关注焦点。尤其是进入 20 世纪 90 年代以来，中国的政治、经济、文化和思想等得到了全方位的发展，这都为学界调查公共精神打下了坚实的物质基础和意识基础。

西方学者对于公共精神的研究多集中在“公共性”“公共领域”等方面，他们对公共精神的有益探讨为当代中国分析公共精神的实践运用和进一步研究我国当代大学生公共精神的理论与实践问题提供了有益的思想借鉴。我国关于公共精神的研究成果多涉及公共精神的内涵和外延。关于大学生公共精神的研究成果中，主要方向涉及两大方面内容：一是公共精神的研究，包括公共精神的内涵界定、特征、中西对比，以及与政府、公共行政的关系研究；二是关于大学生公共精神的研究，包括大学生公共精神的内涵、现状、原因、培育路径、价值及其他角度的相关研究。但仍有部分研究领域需要进一步深化：一是大学生公共精神的内涵和定义，学界虽做了大量讨论及从不同角度做了不同的阐述，但关于大学生公共精神的核心要素，鲜有人问津，也未形成系统说法；二是对于大学生这一群体的公共精神的独特之处及其特点少有人详细分析；三是关于其培养路径，大都是政治、经济、文化、社会等宏观层面，少有具体实证调查的支撑，其针对性、时效性、可操作性有待考量。本书试图在现有研究成果的基础上，深入分析公共精神的核心内涵，并基于实证调查，透析当代大学生公共精神现状及其原因，尝试提出可行性的培育对策。

第三节 研究方法

一、文本分析法

文本分析方法主要是指围绕公共精神，搜集、整理国内外对公共精神、公共精神培育、大学生公共精神培育等相关论文、专著、统计年鉴等理论成果，同时对其进行分析、整合的研究方法。首先，仔细查阅马克思主义经典作家的相关论述，并对马克思主义中国化进程中公共精神培育相关史料进行分析，寻求本书研究的基本理据与思想资源。其次，在对国内外公共精神相关研究资料全面占有的基础上，进行分类归纳、整理、分析，了解学术前沿动态与现有成果，透析文献资料中的思路、观点和建议，为本书研究范围的确立、框架的建构打下理论基础，使这一研究建立在客观、经验的基础上，提升研究的科学性。最后，对社会学、教育学等学科的相关文献进行搜集与学习，将实证调查方法应用于本书相关研究之中。

二、实证研究法

当代大学生公共精神培育研究，目的在于回应时代诉求，关照现实问题，以期构建当代大学生公共精神培育的理论体系，提升高校立德树人实效。要解决大学生群体的现实问题，就必须深入了解大学生对公共精神的认知情况、认同状况与践行境况，从中分析问题、归纳特点、查找原因，为本书理论体系的构建提供翔实的一手素材。本书源于现实问题与实际需要，通过实证研究的方式，对中山大学、兰州大学、吉首大学等9所高校不同年级的570名大学生进行问卷调查，并对相关调查结果进行提炼分析，凝练出解决问题的可行举措，为当代大学生公共精神的现状总结和有效对策提供现实材料支撑。

三、系统分析法

当代大学生公共精神的培育是一项复杂的系统工程，从整体结构来看，涉及传播学、政治学、教育学、心理学等其他学科的相应内容。因此，应将本研究置于多学科的整体视域下，力求运用多个学科的知识与方法，总结当前大学生公共精神及其培育存在的问题，以提高大学生公共精神的培育效果。从内部结构来看，当代大学生公共精神培育本身就由大学生公共精神培育的科学内涵、培育价值、培育目标、培育原则、培育关键、培育方法、培育保障、培育路径等基本内容向度组成，应以系统化方法协调各方面关系方能使其达到实际培育效果，只有保证大学生公共精神培育的内部要素的稳定性与外部要素的同向性，方能使各要素合力最大化，达至同频共振效果。

四、历史分析法

公共精神作为现代化社会的产物，是随着经济社会的变迁不断发展变化的，要把公共精神发展的不同阶段加以联系与比较，弄清公共精神的实质内涵，揭示中国公共精神发展的历史趋势，为当代公共精神培育提供历史借鉴。本书运用发展的观点分析公共精神，于历史进程中梳理公共精神的理论研究与培育实践的发展脉络，对公共精神进行历时性的把握；同时，立足于当下社会中培育大学生公共精神所面临的机遇挑战及积极因素、消极因素等方面，将当代大学生公共精神培育放置于我国近代以来的公共精神发展洪流之中，从历史中找答案、寻原因，实现这一研究的共时态与历时性的统一。

第四节　研究思路

中国特色社会主义进入新时代，标示着我国社会发展新的历史方位。社会主义市场经济体制改革的不断完善、改革开放的不断深入及社会主义现代化建设进程的日益加快，加之都市化的兴起和互联网技术的快速发展，人们的公共交往日益频繁，公共生活空间不断扩展，公共事务参与频率逐次增加。人们的一言一行、一举一动，都可能会影响到他者，社会生活的公共性就日益显现出来。因此，公共生活的自洽生长，需要某些共同的规范、准则，这在客观上提出了培育人们公共精神的时代新要求。新时代的大学生作为现代化建设的生力军、未来社会的中坚力量，其公共精神状况将关系到能否实现自身全面发展，关系到我国公共生活能否有序进行，关系到社会主义和谐社会建设的进度，关系到中华民族发展的未来，关系到中国特色社会主义现代化建设的发展，因而，培育当代大学生的公共精神就显得尤为重要。本书以中国特色社会主义进入新时代为社会背景，力求科学界定当代大学生公共精神内涵，并对其现状进行实证研究，提出当代大学生公共精神培育的最优路径选择。

公共精神源于公共生活实践，研究大学生公共精神问题，就要从研究其实践活动的现代化转变开始，立足于大学生的时代性特点，探寻其实践理路。本书从明晰现代化社会的转型入手，讨论研究问题的缘起，继而遵循分析理论内涵—透视现实境状—明确实施策略—设计实践路径的基本思路研究该课题，将公共精神的理论研究与实践研究相结合，促进理论的建构与实践的发展。具体来讲，本书从分析大学生公共精神基本概念入手，探究当代大学生公共精神培育的可行性与必要性，明确其理论、历史与现实的内生逻辑；继而回归当下，透视大学生公共精神培育的共时性现实，析辨知行与培育的实然性问题，掌握实然与应然不洽之因；依据已掌握的历史借鉴与现实状况，明确当代大学生公共精神培育的价值、目标与原则，把握培育的关键、方法与保障，最后依托高校德育的改善、环境氛围的营造与实践活动的开展三个向度提出举措形成合力，强化教育效果。

第五节 创新点与重难点

一、研究视角创新

本书以中国特色社会主义新时代为背景，研究当代大学生公共精神存在的问题及原因，探讨怎样才能更好地发挥社会合力开展培育工作，突出立德树人核心任务，促进学生自由全面发展。选择大学生这一特定主体进行调研，通过问卷调查法、观察研究法对大学生的公共精神现状进行实证分析，获得第一手资料，提炼出当代大学生公共精神的基本特征，并针对当前现状和特点，多角度探索培育大学生公共精神的可操作性对策。

二、研究内容创新

本书通过深入研究公共精神的本体概念、相关概念及公共精神的核心思想，分析当代大学生公共精神培育出现的问题及其原因。而就目前关于大学生公共精神基本内涵和核心内容的研究来看，并没有突出大学生这一群体所处环境及思想行为的独有特征。笔者针对大学生公共精神的四个核心要素，扩充了大学生特有内容。同时，深入探讨了大学生公共精神培育的理论基础，为相关对策的展开提供了坚实的理论依据。本书旨在提升高校对于大学生公共精神教育重要性的认知水平，为加强大学生公共精神教育提供更有效、更具参考价值的方式和途径，也为当代我国公共精神研究的深入推进提供一定的支持。

第二章　当代大学生公共精神相关理论概述

公共人如何成长，现代公共社会如何发展，必然绕不开一个话题——公共精神的培育和成长。公共精神是现代公共社会的内在属性与本原要求。特别是进入新时代，我国社会主要矛盾由人民日益增长的物质文化需要同落后的社会生产之间的矛盾转变为人民日益增长的美好生活需要和不平衡不充分的发展之间的矛盾，这就更呼吁人民群众勠力同心、协力前行，寻求更加美好的生活与更充分更平衡的发展；要求在公共生活与公共交往中，具备更加理性的公共精神核心价值观念，这不仅是培育和践行社会主义核心价值观的必然趋势，也是构建社会主义和谐社会的题中之义。新时代中国社会不仅要发展和激励亿万人民群众的公共情怀，还要培育新时代大学生具有突破自我、关心他人，具有“先天下之忧而忧，后天下之乐而乐”大无畏品质的公共理性。但是，公共精神并不会伴随社会发展而自动产生，它需要整个社会持续的理论灌输与长期实践的养成。培育当代大学生的公共精神，就必须于公共生活中倡导公共精神，增强其公共理性意识，提升其为公益事业服务的综合素质，达成公共精神的知行合一。因此，界定公共精神的科学内涵，准确把握大学生公共精神现状，以及在形势复杂的背景环境下培育好大学生的公共精神，就成为高校德育和思想政治教育面临的迫切问题。本书第二章旨在探讨公共精神内涵，进一步厘清大学生公共精神的基本内涵和构成要素，在此基础上讨论大学生公共精神培育的理论可能性、历史逻辑性及其现实价值。

第一节　当代大学生公共精神含义的阐释

本节通过公共精神概念的梳理与公共意识、社会公德、集体主义意识和公民意识相关概念的比较分析，阐释了大学生公共精神的科学内涵及其核心要素，为接下来的研究提供理论前提。

一、公共精神概念的梳理

“公共精神”究竟是什么？古往今来，对此的研究不在少数。“公共精神”一词由公共性延伸得来，最早可以追溯到文艺复兴时期。不论是在人文社科领域还是自然科学领域，抑或在日常社会发展的实践中，“公共精神”一词是提及频率较高且意义深刻的词语。公共精神可视为“公共”与“公共性”的深刻表达。公共精神这一概念作为西方舶来品，是一个较为模糊、需要明确界定，却又较难确切界定的概念。古希腊时期，人们通常将公共精神理解为整个城邦里的所有公民内在的政治德性，具体表现方式为公民对城邦所具有的认同感、归属感与荣誉感。托克维尔认为公共精神就是公民在正确理解私人利益与公共利益的基础上，参与公共生活所表现出来的共识性的价值准则。密尔把公共精神理解为公民所具有的基本美德及所表现出来的精神面貌。汉娜·阿伦特则把公共精神概括成在公共领域中所展现出的公共性。亚里士多德把人定义为在本性上“趋向于城邦生活的动物”，他的意思是说，人必须过城邦生活，只有融于城邦，为城邦的公共善服务，才能真正完善人的本性。[1] 这里我们可以看出亚里士多德对公共精神的原始表述，已经把人指向了城邦生活，或者可以理解为一定意义上的公共生活。在哈贝马斯那里，公共精神不仅是对个人品行的要求，也可以延伸开来成为一种风气、习俗甚至是文化，这里就明确了公共精神的公共性。哈贝马斯对“公共空间”的定义是指社会生活中存在一个这样的领域，在此领域中，私人通过个人表达或凝聚可成为“公众”一分子，因此可形

[1] 谭莉莉. 公共精神：塑造公共行政的基本理念［J］. 探索，2002（4）.

成具有公共意见的事物。罗伯特·帕特南基于西方社会的文化传统与现代政治现实提出对于公共精神的理解，“公共精神既包括平等也包括参与”❶。以上种种观点表明，公共精神是一种具有共有性而非特别性、具有公有性而非占有性、具有分享性而非独享性的精神品质。基于此，我们可以得出近代所认为的“公共精神”基本具有两重含义：一是指在私人以外的领域，这种价值、规则或者精神适用于“公领域”；二是公共精神是“私”合成“公”的场所，个人的意见和利益可以通过理性的讨论，最终成为公共意见或公共利益的表达。

在我国的传统文化中，从汉语的字面含义上来说，“公”字含义为，背私为公，即公是对私的否定。因此，要弄清楚“公”的含义就要先分析“私”。“私”往往有双重意义：一是《左传》中提到的“以私害公，非忠也”，指的是个人的私情、私心；二正如《韩非子·五蠹》中提到的“自环者谓之私，背私谓之公，公私之相背也”，指的是从更大领域中划出的那一部分，相对于家天下、公家而言，家庭、个人都是其中划出的一部分，它是指个别的或特殊的，也指私人领域。我们上面提到公是对私的否定，那么对私的否定又存在着从价值、领域两方面的否定，因此呈现出两种不同方式，也就规定了“公”具有的两类意义。首先，从价值领域来说，作为无私的“公”意义是指公平、公正，《管子·形势解》中提到“天公平而无私，故美恶莫不覆；地公平而无私，故小大莫不载”；从领域上来看，“公”是指普遍的、大众的、共同的、共有的、公有的、公开的，正如“大道之行也，天下为公”。关于公共精神的具体阐述，古代中国最早可以追溯到《礼记·礼运》，其中提出“大道之行也，天下为公，选贤与能，讲信修睦”。在近代中国，哲学家冯友兰先生认为天地万物有一个公共的世界，但是因为人对公共的世界有不同的觉解，所以他对每个人的意义也不尽相同。故而，在公共世界中，每个人有一个不同的境界，觉解的深浅造成境界的高低，需要觉解多的人其境界要高，需要觉解少的人其境界要低。简而言之，公共性指的就是在公共社会中生产、生活的个体公民在公共事务的实

❶ 罗伯特·帕特南. 使民主运转起来：现代意大利的公民传统［M］. 王列，赖海榕，译. 南昌：江西人民出版社，2001：120.

践活动中所表现出来的一种状态转换和社会属性。回溯中国5000多年的文明发展史，公共社会的每一次向前发展，公共精神的每一次激发，公共性都起到了激励社会成员积极参与公共事件的作用。因此，面对新时代复杂多变的社会发展，培育当代大学生的公共精神，就要实施一系列的举措夯实新时代公共精神认同的各项基础。

公共精神源于“公共”，并始终作为一种追求自由、平等、公正的社会意识而存在。公共精神引导公民自觉参与公共事务、关注公共生活，并积极融入公共生活的建设与管理，最终形成对公共制度和公共秩序建构发挥有利影响的伦理价值和社会共识。总体来说，理解公共精神主要有两个思想进路：一个是伦理学的思想进路。在这个层面，公共精神被理解为一种伦理精神。“公共精神是指公民具有超越个人狭隘眼界和个人直接功利目的，关怀公共事务、事业和利益的思想境界和行为态度。”❶ 这主要是从社会公德、公共道德伦理等角度来阐释公共精神。另一个是政治学的思想进路。在这个层面，公共精神被理解为一种政治精神。这一层面更多是通过人们对于政治制度、法律法规、伦理纲常等意识、态度、观念来表现。这两个思想进路虽然代表了两种不同的研究视角，但在中国传统思想中，伦理与政治的截然对立几乎是不可能的。也就是说，伦理与政治的完全区分是在一定语境之下的。这两个思想进路的界定都有一定道理，但是还有一个不容忽视的问题。它们所界定的公共精神多关注于公共利益或公共秩序的维护，对于是否包容个人合理利益的追求并没有明确指出。实际上，公共精神并非排斥个人利益，它是建立在个体素质较为发达的基础之上，独立自主的个体进入公共生活中所呈现的精神状态。因此，想要对公共精神概念界定清楚，就必须考察公共生活与公共精神之间的关系。

公共生活是相较于私人生活而言的，涉及多人聚合、交往交融的社会生活。它是个体以理性、独立的身份，自主地参与公共事务以实现人的社会性本质的生活方式。因此，公共生活既不抹杀个性、抑制个体的自由发展，也不排斥个人利益的追求。需要指出的是，个体是构成公共生活的先

---

❶ 龙兴海．大力培养公民的公共精神［J］．党政干部文摘，2007（10）．

在条件，但这里的个体并不是纯粹生物学意义上的个人，而是指具有自我意识、独立精神与理性判断能力的社会人。这些在公共交往空间进行交往活动的独立个体，本身就突破了私人性，成为一种具有公共性品格的公共人。

二、公共精神与相关概念的关联

对于新时代的大学生来说，公共精神孕育着公共德性的基本品质；对于进入中国特色社会主义新时代的中国来说，公共精神是构建和谐社会不可或缺的精神储备。公共精神是公民的价值共识、文化素养和思想品格，是建设和谐社会发展的内在要求与精神动力。上文我们对公共精神的概念进行了梳理，为什么使用“公共精神”这一概念来表达个体参与公共事务的精神样态和品质，而不能以我们所熟知的社会公德、集体意识、公益精神、公民意识等概念来表示？它们之间又有什么关联与区别？为了厘清“公共精神”这一概念，笔者将对公共精神相关概念进行对比分析，进一步阐释公共精神的科学内涵。

（一）公共意识

公共意识是独立的个体在公共生活中表现出的整体观念、核心意识，是社会成员对公共领域内的基本规范的主观认同。不少学者将公共意识与公共精神当作同一个概念进行讨论，将公共意识完全等同于公共精神。也有学者将公共精神看作公共意识在某一事件上的强化表现，是对公共管理者或者社会精英的特殊要求，把公共意识看作普通民众的社会意识，对全体社会成员适用。笔者不完全赞同这种说法。公共精神是现代社会发展和历史发展的时代产物，是现代公民在面对生活的公共领域和公共事件时所表现出来的公共道德与责任担当意识。它既不是对特殊群体的特殊要求，也不完全等同于公共意识。公共精神是历史与实践的产物，其产生的首要条件是公共意识的产生与发展，但其内涵并不等同于公共意识。从某一程度上来讲，公民唯具有公共意识，才能更好地担当起公共领域中的公共责任与公民义务。从伦理道德层面来讲，二者有一些相似之处。第一，公共意识是公共精神在意识层面的表现，是公共精神形成的前提与基础，培育公共精神首先就要做到公共意识的养成。第二，公共意识和公共精神都讲求对于公共生活领域的基本规则、规范的主观认可，均强调对于公共责任与义务的承担意识，最终二者外化于客观行为，落脚点都是促进人与社会的和谐统一发展。

二者在外延上有一定差异。首先，参照王坤庆在《精神与教育——一种教育哲学视角的当代教育反思与建构》中所划分的精神的三个层面：心理和情感、道德和意识、信念和意志水平，公共精神所包含的范围要比公共意识大得多，除了表现在意识层面的公共意识，还有态度层面的公共关怀态度，对待生命的慈悲胸怀，信念、意志层面的自制自律意志，恪守的道德信念，等等。其次，公共意识作为对于基本的伦理道德、社会规范的遵守，体现了公共精神的一方面，但公共精神更为突出公共理性，具有理性批判、协商宽容、公平正义等政治价值，公共精神外延相较于公共意识更为广泛。

（二）社会公德

社会公共道德与公共精神是一对关系亲密的范畴。先理解何谓社会公德。通常我们把“社会道德”与“公德”理解为一个意思，但二者也会有不同侧重点。公德相对应的是私德，标属不同的道德类型；社会道德则与家庭美德、职业道德对应，标属不同的道德领域。所以，二者仍是不可混淆的。“关于社会公德历来有两种理解。广义上说，凡是个人私生活中处理爱情、婚姻、家庭问题的道德，以及与个人品德、作风相对的反映阶级和民族共同利益的道德，通称公德。从狭义上说，社会公德就是人类在长期社会生活实践中逐渐积累起来的最简单、最起码的公共生活准则。”❶ 可见，社会公德源于人们在公共生活中维持社会秩序的需要，反映了人们的共同生活利益。即使在社会中有着不同利益的个体，由于他们都置身于同个社会共同体中，为了维持社会共同体的正常运转，人们之间必须有最一般的、最起码的道德准则或道德要求，这就是社会公共道德。所以，学者唐凯麟亦如此界定社会公德：“它是人类长期在社会生活实践中，逐步形成和积累

❶ 罗国杰. 伦理学［M］. 北京：人民出版社，1989：217.

起来的、人们相互交往和日常公共生活中所应当遵守的起码的行为准则。”❶社会公德与公共精神具有较大相似性。首先，公共生活领域是二者生发的载体。二者都孕育于公共生活领域，都源自公共生活领域秩序维持的客观要求。社会公德和公共精神在多大程度上深入人心，取决于它们在多大程度上反映人们维护公共利益的要求。正因为社会公德和公共精神反映的是人们最基础、最切身的共同利益，它们才有较为广泛的群众基础。其次，一般意义上，二者都不维护特定群体的利益，不代表某一特定团体的利益，而是维护符合社会共同体中的全体成员的需要，是最一般的共同利益的反映。最后，二者都是人们在共同体生活中应遵守的基本行为规范，是区分人类和动物的最起码的分界。

当然，社会公德与公共精神也有一些差异。首先，社会公德贯穿于社会文明的进程，真正的公共精神则是近代出现的，是启蒙运动的产物，真正的公共领域的确立，才使公共精神逐渐发展起来。其次，二者的价值依归不同。公共精神立足于公共理性，社会公德立足于公共善。公共善表现的是一种德性，是对国家或民族至上性的维护，是在道德层面对于公共利益的维护。公共理性则是公民参与公共生活的能力，是一种思维方式，更是一种对行为准则的指引。理性与德性不尽相同。德性与个人的道德信仰、生活体验及情感相联系，是对基本的共同道德的坚守；理性的公共运用，体现公平、正义、真诚的道德原则。理性的意义在于对“个人”的超越意识和对“公共”责任的担当意识。“人们必须通过承认他人、成就他人才能真正确证自我、成就自我。即必须将自身的某些活动或产品由他人、组织来分享。”❷

（三）集体主义精神

《辞海》把集体主义解释为：“社会主义和共产主义道德的基本原则。是个人与集体辩证统一关系在道德上的反映。也是集体利益与个人利益发

---

❶ 唐凯麟. 伦理大思路——当代中国道德和伦理学发展的理论审视［M］. 长沙：湖南人民出版社，2001：420.

❷ 郭湛. 社会公共性研究［M］. 北京：人民出版社，2009：69.

生矛盾时的正确的价值取向。”❶ 首先，从社会主义道德范畴来看，集体主义是顾全大局、遵纪守法、热爱祖国、诚实劳动等对公民最基本的道德要求和原则。其次，集体主义强调国家利益、社会利益和个人利益的辩证统一。最后，国家利益和社会利益高于个人利益。但是，集体主义也重视和保障个人利益。简单概括来说，它是建立在集体的基础上，为实现集体利益、集体共同价值而被倡导的道德精神。集体主义精神和公共精神均是近代社会发展的产物，是伴随着公共交往空间的扩大和人们交往范围的扩大化而产生的维护公共利益的道德诉求；二者均不排斥个人利益的表达，都提倡个人的创造性、主体性，提倡个人与集体的同一性；二者奉行的维护集体利益、集体价值的理念都要接受“公共性”的检验，以此来断定是不是真正的集体主义精神和公共精神。所以，二者在本义上是内在相契的，倡导公共精神也成为发扬集体主义精神的重要途径。

然而，集体主义精神与公共精神也存在着一些差异。前者体现了道德规范的刚性特征，是一种规范性的道德选择；后者反映的是个体道德选择的弹性特征，属于德性的自主选择。前者带有一些意识形态教化痕迹，强调责任和义务，个性的发展受到集体的约束，不允许个别分子违反集体行为准则，通过道德和权威来控制集体中成员之间的行为准则，强调权威和道德，弱化法律的作用；后者则更多是个体内心的主体选择，试图通过引导现代社会的道德选择，唤起人们内心的道德意识与公共精神。后者比前者的外延更为丰富，它除了对于集体利益的维护，同时关注对公共事务的积极、有序参与。

鉴于此，笔者将公共精神定义为：具有主体意识的个体积极融入公共生活，主动维护公共利益，自发、理性、有序地进行公共参与的核心价值理念。

三、当代大学生公共精神的科学内涵及其核心要素

大学生的公共精神不仅包含公民须拥有的基本公共精神风貌，还应体现大学生独有特点与社会角色。当代大学生是正在接受高等教育的知识群

---

❶ 夏征农，陈至立. 辞海（第六版彩图本）［M］. 上海：上海辞书出版社，2009：1023.

体，是社会主义建设的接班人，是国家富强和民族振兴的希望。大学生主要的学习和生活场所是学校，学校虽属社会，但与社会的运行模式不同，其主要功能是传播专业知识、进行科学研究、传承文化和进行德育、美育等。大学的宗旨是不仅使学生掌握专业知识，还要具备普遍公共关怀；不仅求知、求艺、谋职，还要明善、审美、悟道。这也决定着思维活跃、自主意识较强、富有正义感、易于接受新生事物、理性、敏感的大学生的公共精神相对于其他社会群体会显现出不同特征。大学生这一社会群体，应是当代公共精神建设的主体部分。

结合公共精神的内涵和大学生所处特殊环境，本书认为大学生公共精神是指大学生以独立的主体身份积极融入校内外公共生活，主动参与公共事务管理，并致力于遵守公共秩序和社会规范，勇于承担公共责任所体现的精神风貌。

从以上的公共精神阐述中可以看出，公共精神强调公共性，但不排斥个人的主体性。社会中的个体千差万别，正是这种个体间的差别，决定着他们对于公共生活的态度与行为，决定着其是否具有公共精神、有多少公共精神。所以，公共精神的前提条件就是个体独立的主体精神，即个体的独立人格和主体地位。公共精神就是具有独立人格精神的个体积极参与公共生活所展现的精神特质，其最基本的表现形式是一种参与精神。另外，在参与公共生活的过程中，需要一种责任意识和规则意识的精神支撑。因此，笔者将大学生公共精神的核心要素概括为独立人格精神、公共参与精神、公共责任意识和公共规则意识。

（一）大学生独立人格精神

公共精神的形成需要以主体独立人格为条件，大学生公共精神主要包括青年学生的自主意识、独立思考能力、理性判断意识及维权意识等。独立人格一般意义上是指大学生所具有的独立性、自主性和创造性，对公共领域中的公共事务能够独立思考、自主判断。一般来说，具有独立人格精神的个体自主性比较强，在参与公共事务时表现为习惯独立思考、有效控制情绪、有较强的理性判断能力，社会参与程度较高。独立人格精神指向既不依赖于任何外在的精神权威，也不依附于任何现实的政治力量，在真理的追求中具有独立判断能力，在政治的参与中具有独立自主精神，在公共事务的参与中有较强的理性能力，注意维护自己参与决策的权利。大学生独立自主的精神面貌是现代社会所弘扬的精神气质，并非与公共精神相抵触，而是其重要出发点。大学生的独立性与公共精神所倡导的整体意识有内在联系，在一定意义上，大学生公共精神正是其独立人格精神的升华，是独立人格精神的觉醒。公共领域中，个体交往需要保持独立的人格，大学生只有具有独立自由的人格精神，才能以平等、独立的地位进入公共生活空间，通过交流、协商发现公共价值，继而维护公共利益。一言以蔽之，独立人格精神呈现为大学生作为独立的生命个体，具有独立的价值判断、独立的思考、独立的行为准则及独立选择生活方式的权利。

（二）大学生公共参与精神

公共精神强调的是一种参与精神，大学生公共参与精神主要包括青年学生对教育教学活动、校园学生管理事务、社会公共事务的参与意识。中国特色社会主义进入新时代，我国社会发展的方方面面更需要社会成员持有高昂的公共参与热情，并能真切关怀、参与公共事务。当代大学生是各类社会活动的参与主体，他们不应只关注自身，而要把目光投向国家、民族安危，关注社会事务，合理地行使自己的表达权和自决权，把行动落实到校内外公共事务，参加各类社团活动，去实现自身的正当权利，去接受民主法治精神的熏陶，去锻炼自我公共参与的能力。如此，不仅有利于大学生群体的全面发展，还有序推进了中国特色社会主义现代化建设的历史进程。随着社会发展和当代大学生主体意识的逐步增强，公共参与越来越成为实现社会主义民主的重要方式，更成为保障大学生知情权和参与权的有效途径。大学生群体对于公共事务的参与不仅仅局限于政治参与，还包括经济、文化和社会生活等各个方面和领域的非政治性参与。高校应充分结合社会参与实际样态，引导和激励大学生在关注校内外公共事务的同时，积极参与社会公共事务的发展，提高青年学生的社会责任感与公共参与意识。

（三）大学生公共责任意识

公共精神核心的要求是公共责任意识，大学生公共责任意识主要包括爱国爱校意识、公共道德意识、公共服务精神、生态环保意识等。公共责任指向公共领域，是指大学生在处理与他人、学校、社会、自然之间的关系时，所秉持的社会共同倡导的核心价值理念和普遍道德责任。公共责任是大学生在公共生活中体现出来的“主人翁”的胸怀和“兼济”他人、学校、社会的态度选择。当代大学生的公共责任意识是社会主义现代化建设进程中的国家认同实践形式，是基于国家认同、民族认同的当代大学生公共道德与公共精神。海德格尔认为，人总是“在世界之中存在”❶。个人与他人、他物发生多种多样的“因缘”，这就决定了个体对其自身、他人、社会、世界都担有不可推卸的责任。这种责任不是外界强加，而是人之为人的主动承担。公共责任意识在现实生活中往往通过公共事务参与中的公德意识体现出来。随着社会的发展进步，当代大学生的综合素质已有了明显的提高，参与公共事务的热情和意识也更为强烈。但不可否认的是，他们往往行动性不够积极，参与公共事件的目的通常是取得更高的分数或者学业课程，从而被动地参与公共事件。在公共空间，大学生不能持有对于公德意识只要不违背就好的低位价值观念，不能只顾及个人私利，而是要维护你我他的公共利益，需要维护校园公共环境，净化“自我与他我”的共同生活环境，认真履行大学生应尽的义务，承担社会职责。大学生积极的公共责任意识强调自觉主动地为他人、学校、社会承担责任，此谓公共精神的核心内容。

（四）大学生公共规则意识

大学生公共规则意识主要包括社会基本规范意识、校园规范意识、自制自律精神、协商精神等。随着我国社会主义市场经济的发展、社会主义法律法规的健全、国家治理体系的现代化及国民素质的全面提高，大学生

❶ 海德格尔．存在与时间［M］．陈嘉映，王庆节，译．北京：生活·读书·新知三联书店，2006：61.

群体的主体意识逐步增强，利益诉求呈现多样化状态。青年大学生身为中华民族伟大复兴的参与者和践行者，其素质程度、规则观念，很大程度都关乎着社会主义现代化建设事业的荣辱与兴衰。直面现实，多数学生渴望参与到公共活动之中，进行“自我管理”，但这种公共参与并不是无序的，而必须在法律法规、社会基本规范、高校规章制度的主观认同与客观遵守的前提下进行。大学生公共规则意识所要求的对他人包容、尊重，对民主法治精神的追求，遇事协商合作，为人诚信、慎独等，也是公共精神的具体要求。培育当代大学生公共规则意识，要使之努力成为自觉遵守规则要求、努力践行公共规则的社会典范，这是新时代条件下对大学生思想政治教育的迫切要求。

大学生公共精神的四个核心要素相互影响，不可分割。独立人格精神为其他要素提供了个体基础。具有独立思考、自主选择、理性判断能力的大学生才会更清晰地厘清个人与他人、社会的关系，积极、有序地参与公共事务。公共参与意识是公共精神得以产生的前提，是公共精神的核心素养，只有自觉、主动地参与其中，公共精神才有形成的可能。另外，积极的参与精神离不开公共责任意识和公共规则意识的支撑。总之，独立人格精神是基础，公共参与意识是核心，公共责任意识和公共规则意识是保障。四要素作为一个整体架构统一于公共精神之中。

需要指出的是，其他主体的公共精神与大学生公共精神的核心要素并非完全分离，它们之间交叉渗透，互有独特之处。大学生公共精神的独特之处在于：与社会人员相比，其所处的校园环境为“开放”和“半开放”的双重性质；与未接受高等教育的民众相比，其思想、行为具有特殊性；内部结构的各要素之间的关系特征也决定了大学生公共精神的独有特点。关于大学生公共精神基本特征，会在大学生公共精神的现状描摹后详细论述，此处不再详述。

第二节　当代大学生公共精神培育的理论基础

当代大学生公共精神的培育，需要在明晰公共精神科学内涵的基础上，深入探寻大学生公共精神培育的理论依据，以此为本书提供理论逻辑基础。本节从人的本质理论、需求层次理论及个人品德生成理论三个方面着重探讨当代大学生公共精神培育的理论基础。

一、人的本质理论决定了大学生公共精神培育的必然性

培育人的公共精神，是由人的社会性本质决定的。人是社会性存在物，是需要归属感的生物。人是生活在一定历史时期、受一定社会关系制约的"现实的人"，而不是脱离具体物质生产方式的抽象物，人"无论是通过劳动而生产自己的生命，还是通过生育而生产他人的生命，就立即表现为双重关系：一方面是自然关系，另一方面是社会关系；社会关系的含义在这里是指许多个人的共同活动，不管这种共同活动是在什么条件下、用什么方式和为了什么目的而进行的"❶。可见，人作为类存在物，是无法脱离一定社会关系而存在的，人只有参与社会生活与公共交往，才能确认自己的本质，才能使自己成为真正之人。因此，马克思在《关于费尔巴哈的提纲》中指出，"人的本质不是单个人所固有的抽象物，在其现实性上，它是一切社会关系的总和"❷。人在社会关系中使自己的意识对象化，在多样化的协作关系中需要得到实现、利益得到满足、个人得到发展，这一本质性内在规定，就引导人依靠他人的协作，依赖社会性劳动才得以生存与发展，同时在社会交往的过程中逐步学会在考虑个人利益之余，思考他者与公共利益，走向公共性的选择。"自然界的人的本质只有对社会的人来说才是存在的；因为只有在社会中，自然界对人来说才是人与人联系的纽带，才是他为别人的存在和别人为他的存在，只有在社会中，自然界才是人自己的合乎人性的存在的基础，才是人的现实的生活要素。"❸ 人在社会中为别人存在，别人也为他而存在，人必须从私人领域、私人生活，走向公共领域、公共生活；也必须从私人劳动走向社会劳动，以突破个体有限的、分散力量的局限性与片面性，整合社会多人的力量，形成强大合力，以推动社会

❶ 马克思恩格斯文集：第1卷［M］. 北京：人民出版社，2009：532.
❷ 马克思恩格斯文集：第1卷［M］. 北京：人民出版社，2009：501.
❸ 马克思恩格斯文集：第1卷［M］. 北京：人民出版社，2009：187.

发展。当然，在实现公共利益的同时，个人利益也相应得到满足。在这种真正的公共生活中，个体才会得到安于内心，又被他人赏识、承认的愉悦感、满足感。因为人一旦离开了社会，就会成为孤立存在物、静止存在物，就缺失了真正意义上的“人的存在”感。

人具有自然属性和社会属性的双重特性。人的本初作为生物学意义的存在具有自然属性，此时生物人要获得人之为人的本质，就必须与他人交往，逐渐形成一定的社会关系。作为“现实的人”，其本质属性是在后天的社会环境中通过各种社会交往形成的，是由各种现实的社会关系所决定的。这里的社会关系是由不同的社会交往形成的多方面的、复杂的关系，不仅是一种或几种社会关系，也是某种社会关系的某一个方面，政治交往形成政治关系，经济交往形成经济关系，法律交往形成法律关系，道德交往形成伦理道德关系。“人类既不能产生新的力量，而只能是结合并运用已有的力量；所以人类便没有别的办法可以自存，除非是集合起来形成一种力量的总和才能克服这种阻力，由一个唯一的动力把它们发动起来，并使它们共同协作。”❶ 正是人的这种公共性存在，人们才必须走向公共领域，走向公共生活，参与公共事务实现个体的社会化。但是这种公共参与过程并非杂乱无章，而是需要基本的、共同的准则和要求，需要公共精神的协调、统和。社会关系的复杂化发展，要求人们关注有序公共参与，需要在公共领域中，形成一种人们普遍认可的公约与规范，才能有效地保证个人利益不被侵犯、公共利益得以维护，才能处理好个人利益与公共利益、长远利益与眼前利益的关系。也就是说，人作为相互义务的对象，亟待超越个体的片面性与局限性，寻求团结合作，形成命运共同体与利益共同体，互相分担对方责任，维护群体的共同利益，这就为公共精神的出场奠定了重要的理论依据。总之，当代大学生的发展指向总是以现实的社会关系为起点，辅之以公共精神教育的引导与协调，使其与整个社会的变革方向及社会进步的发展同向同行。

---

❶ 卢梭. 卢梭文集：社会契约论 [M]. 何兆武，译. 北京：红旗出版社，1997：32.

二、需求层次理论为大学生公共精神培育提供了深刻启示

1943年，美国心理学家马斯洛从人类动机的角度把人的需求分为生理需求、安全需求、社交需求、尊重需求、自我实现需求五个层次，该理论强调人的动机是由人的需求决定的。需求层次理论将生理需求、安全需求及社交需求看作低层次需求，尊重需求和自我实现需求是高层次需求，低层次需求与高层次需求相互依赖并发生重叠，当某一层次需求得到满足后，人们往往进一步追求更高层次的需求，但并非高层次需求基本得到满足后，低层次需求就不存在了。人在不同的发展时期，会有一种需求占主导地位，其他需求处于从属地位。生理需求是最基本的、最本能的需求，如吃、穿、住等，是人们最原始的需求，同时人们对于学校环境、社会环境有着安全的需求，当基本物质生活和基本安全需求得到充分满足后，人们开始追求个体价值的实现、理想的实现及获得社会的尊重。

在马斯洛看来，一个饥肠辘辘的人，人生的目标就是找到食物果腹；一个缺乏安全感的人，他对生命的追求是安全；归属与爱和尊重需求也一样，得不到满足就会有缺失。“自我实现”是“少有人走的路”，只有那些低层次需求真正满足的人才容易走上自我实现之路。从现实世界的情况来看，现代公共社会中生活的人们，其需求层次很大程度上与社会生活发展水平、科技力量水平的高低及全民素质息息相关。经济发展水平较高的国家，社会成员的需求层次也较高。“仓廪实而知礼节，衣食足而知荣辱”说的就是这个道理。

现阶段，我国经济实现了跨越式的发展，人们的物质生活水平得到了极大的提高，需求层次也在不断提升。越来越多的人在基本的物质生活需求满足后，开始追求高层次的精神需求。高层次精神需求包括很多方面，如公益精神、志愿精神等，公共精神的需求即属于高层次的精神需求。新时代大学生自主意识不断增强，有着明确的目标和追求。相应地，他们对于高层次的精神追求也越来越强烈。培育大学生公共精神，正是满足其更高层次社交需求、尊重需求与自我实现需求的有效途径。其中，社交需求是指大学生期望参与社会事务、扮演社会角色、深入社会交往的需求，包

括他们主动参与各类志愿服务、暑期“三下乡”社会实践，主动交友、交流、恋爱的需求。尊重需求主要是指大学生以主人翁的姿态进入社会角色，期待得到他人、群体、社会的广泛认可与充分尊重，期望得到应有的名誉与地位。在实现社交需求和尊重需求的过程中，大学生期待一种有序的社会环境与“公平正义”的竞争机制作为保障，以便进一步追求自我实现，提升自身综合素质，成就自己远大抱负，成为有用之才，这里的自我实现，有赖于独立人格精神的思想支撑，是一种自觉地、有计划地改变完善自我的过程，是提升自身能力水平、实现自我价值与人生远大理想的价值追求。

需要注意的是，虽然我国经济实现了快速发展，但城乡之间、区域之间还存在差距，我国仍然属于发展中国家。所以，追求更高层次需求的主体，要通过对其他个体的关怀、帮助，通过对社会问题的关注、承担，协助其他社会成员实现基本需求。此外，参与主体在帮助他人的过程中，也实现了自己更高层次的需求。在这一帮扶过程中，社会成员的不同层次的需求都得到了满足。总之，需求层次理论给大学生公共精神的培育以深刻启示，为大学生公共精神培育提供了必要的理论支撑，使教育者和大学生更为关注公共领域中应具备的公共精神，满足他们的高层次精神追求。

三、个人品德生成规律决定了大学生公共精神培育的过程

大学生公共精神培育的过程，就是如何使大学生的公共精神由“无”转化为“有”，从不知转化为知，特别是由知转化为行的过程。心理学认为，人的习惯的养成就是某种行为的重复进行，使外界的刺激物与大脑产生暂时固定的联系，即某种条件反射，这种条件反射会引起对外界刺激的心理反应，这种心理反应可能是表面的、深层的、消极的、积极的心理冲突，这时就需要主体的知情意行诸心理要素的辩证运动、均衡发展来实现个人思想品德的转变。

大学生公共精神的培育过程，也要参照个体的思想品德的形成发展过程。思想品德即个人的道德面貌，是与道德相关的概念，是社会道德在个体中的具体反映，是个体在一定的社会道德行为和规范下表现出来的较为

稳定的德性特征。如果没有形成道德观念或道德认识，即使个体的行为符合社会规范，也不能说是有品德的。

公共精神培育的目的在于实现大学生对公共精神的认同与践行，公共精神认同是一种心理认同，在这一心理发展过程中，必然包含“知情意行”等要素。“知情意行”第一要素为“知”，它是个体的认识过程，也是其情感得以正确表达的基础。因此，大学生在外界环境及教育者的影响下，“知”即大学生对公共精神的主要内容及核心要求有清晰的理解与认知，同时探寻其背后原理，掌握其发展规律。没有对公共精神的正确、理性认知，很难形成对公共生活与公共精神在情感上的认可赞誉，公共精神践行无从谈起。“情”即培养大学生对于社会生活的热爱，鼓励他们多参与公共生活中的事务管理。同时，增强其爱国爱校情感，提升其内心崇高的情感体验，使其体会公共参与带来的成就感，增加他们对于社会的认同和对公共事务的情绪体验，引导大学生形成对公共精神肯定性的情感倾向。“情”是认知的发展，是公共精神由认知转化为行为的情感推动力。“意”是指意志，是大学生在践履公共精神过程中，自觉主动克服障碍、困难的意志力。意志力是使公共精神反复出现并得以维持和稳定的精神力量。有了意志力的强化作用，大学生公共精神就会稳定持续地出现在公共事务中。公共精神外在表现为“行”，即公共生活中的实践活动。在内外转化的过程中，如果缺乏意志力，很容易犯“冷热病”，公共精神很难真正形成。“意”与“行”是密切相连的，“行”在“意”的指导支配下进行，二者均基于良好的认知与情感基础。由此，公共精神的培育效果，关涉“知情意行”四个层面的协调发展与稳步转变。只有认识的提升，没有深厚的情感，没有意与行的转变，公共精神培育只能流于形式。公共精神虽然是个体内在的精神品质，但良好的公共精神需要外在的行为表达，在公共精神培育的过程中，只注重公共精神的内化和知识的硬性灌输，忽视外化的过程，很容易造成“浅尝辄止”，不付诸行动的后果。所以，知情意行的辩证运动必须贯穿于公共精神培育的全过程。

第三节　我国公共精神培育的历史溯源

中国传统社会以“家天下”的封建权力格局作为统治秩序，同时小农经济的固守、地方宗族制的完善、科举制的成熟在缔结了中华文明、绵延民族血脉的同时，使“公”成为“私”的延续。随着我国现代化的深入，国家与家庭之间的社会自治性组织快速发展，公共精神伴随着我国公民主体意识的觉醒得到快速发展。自此，“公”与“私”的关系不再简单依附于传统的人情世故，而以平等互利为基础重新定义“公”与“私”。个人的权利义务关系有了法律保障，而公共利益是“利他”原则的社会化体现。原子式个人的无序竞争终究会被有序的“利他”协作而战胜。

受东方文化环境与历史传统的影响，东西方学者对公共精神的研究侧重有所区别。在早期西方人的视域里，中国人是缺乏公共精神的。而实际上，中国人对公共精神的研究和探索，贯穿于我国近代直至新时代发展的每个历史阶段。大学生公共精神培育熔铸于我国公共精神的发展历程之中，本节主要考察我国公共精神历经思想萌发、曲折前进、步入正轨、蓬勃发展四个时期的主要特征，为当代大学生公共精神培育提供历史依据。

一、思想萌发——近代中国社会关于公共精神的艰难尝试

19 世纪 70 年代，大量西方传教士来到中国。其中，美国传教士亚瑟·史密斯通过对中国风土人情、社会民俗的多方面观察，在实际生活中与不同阶级、不同性别的中国人打交道，认为当时的中国人根本不知道“公共”究竟为何物，中国社会不存在“公共”一说。英国哲学家罗素在《中国问题》一书中认为中国古代社会一直强调“天下为公”的思想，以及在中国宗法制度和家族意识旧势力的肆虐下，孔子宣扬的孝道导致的结果就是中国人注重家族事务、礼仪和伦理，但是家族之外的事情他们漠不关心，削弱了中国人的公共参与意识，有碍于公共精神的形成与发展。

何谓“公共精神”？关于它的认知与理解，早期中国知识分子曾经作出了艰难探索。自鸦片战争以来，中国各界志士和知识分子积极学习国外治

国良方，试图唤醒国人之“公共精神”。19 世纪 60 年代，国内局势动荡不安，经济上的巨额赔款，政治上的腐朽落后，使人们不得不把目光转移到学习西方先进的科学技术上，贯穿于中国 19 世纪 60 年代至 90 年代的洋务运动就此展开。经过 30 多年发展，一场为了维护清朝“山河日下”封建制度的自救运动——洋务运动以失败告终。但洋务运动中创办新式企业、新式学堂，开创报刊，选派留学生，翻译书籍，在传播西方先进文化技术的同时，也为中国培养了一批优秀翻译、外交人才，思想启蒙为以后早期维新思想、维新变法思想、革命思想提供了借鉴，这些都为中国人自主意识觉醒、独立人格的唤醒和保家卫国的公共精神萌芽奠定了思想基础。

20 世纪初，一批先进知识分子撰写大量关于中国公共精神价值建构的时评文章，抨击当时中国封建社会的君主专制制度与政治的黑暗性，致力于为中国培养国民独立自由人格与民主政治建设。在《原强》一文中，严复论“新民德”，即已明确提出：当务之急在培养国民的公德观念和国家意识。梁启超更是大声疾呼：不知有公德，是中国政治不进、国运日替的根本原因。❶ 对国民性的批判问题上，梁启超引发了关于“私德”与“公德”的大讨论，他认为国民公德缺乏导致了国家的危亡。后人也在此基础上抨击中国人缺乏“公共心”“公德心”，但由于中国的现代化带有明显的“外发后生”特点，遭受了“千年未有之大变局”，受到来自内外双重压力的巨大挑战与冲击，思想启蒙带有明显的不成熟性与冒进性，很快就被政治斗争所压制，这就阻碍了思想解放运动的深入，中国的国家命运及其在国际格局中的地位出现了急转直下式的历史转折。但这一思想启蒙运动提出民主的旗帜与口号，是对近代道德探索作出的伟大尝试，也为近代民主政治的理论实践进一步发展奠定了良好基础。20 世纪 30 年代，林语堂先生指出，在中国，公共精神是十分缺乏的，民众主要心系各自的家庭而对社会不知。他认为在传统的中国社会中，人们普遍以家族为中心进行活动，缺乏对公共事务的关心。

近代数次社会革命的失败，使有识之士认识到思想领域的变革任务迫

---

❶ 梁启超. 新民说［M］. 郑州：中州古籍出版社，1998：13.

在眉睫。关于公共领域的积极探索，推进了民主政治的长远发展，历史和实践证明，“公共精神”确实在未来社会发展和人的精神上发挥了不可估量的作用。近代中国知识分子关于“公共精神”的艰难探索，主要是基于近代中国社会环境和时代背景，以及西方文化冲击下所作出的初步尝试，可以作为近代中国对于公共精神最初的讨论。此时对公共精神的理解体现在面对国家危亡挺身而出，即鲁迅口中的“中国的脊梁”。但由于没有形成独立系统的批判理论，借用西方的话语体系外壳，加之当时中国的封建专制制度未能为其提供成长壮大的土壤与时机，使仁人志士对于公共精神的探讨，只是简单地停留在话语文章中简单情感表达阶段，对于公共精神的发展及未来如何实现等问题，没有上升至理性践行的阶段，最终对公共精神的探索只是走入了一条阳春白雪的狭窄道路。

二、曲折前进——社会主义革命和建设时期中国公共精神培育

中华人民共和国成立后，中国共产党带领全国各族人民历经艰苦卓绝的斗争，逐步建立发展了社会主义公有制经济、社会主义政治制度和社会主义文化制度，标志着中国社会逐渐向社会主义现代化社会转型，为孕育和发展公共精神提供了坚实的政治基础和制度保障。

中华人民共和国成立之初，举国上下百废待兴，中国共产党全面部署恢复国民经济各项工作，在科教文卫事业中除旧革新，使国家事务建设有序进行。随着社会主义公有制生产方式的确立，广大人民群众在集体主义和全心全意为人民服务精神的号召下，参与公共事务的热情极为高涨。在这一时期，国家为广大人民提供了丰富多彩的公共活动形式与多种多样的公共活动空间，为公共精神的现代发展提供了必要条件。1956 年，伴随生产资料私有制改造的完成，广大中国人民的公民权益得到了制度保障，同时也为现代公共精神的形成提供了强有力的社会基石。受传统文化中集体主义熏陶，中国人民面临新中国成立初期国家千疮百孔的面貌，高扬参与国家公共事务的热情与斗志，投身国家各项事业的建设中。鉴于当时政权建设和经济发展的模式，国家通过高度集中的计划经济体制、高度一元化的意识形态及“单位制度”和平均主义原则，推出了一系列围绕公共产品

配置的制度安排，由此形成了管控和调节各种社会资源的独特模式，这些制度相互之间因为高度匹配和现实适应，有效地将社会生活组织起来并带来了稳定而持续的社会环境。这一时期，人民对于公共事务、公共事件的关注有了一定发展，也曾被誉为国内民主发展的黄金期。

在随后的社会主义现代化建设逐步展开过程中，面对国内阶级斗争的局势与国际和平演变的双重压力，我国效仿苏联建立起高度集中的社会主义计划经济体制和行政管理体制，导致公共精神的发展呈现出片面的甚至是畸形的发展态势。1958 年的"大跃进"运动，开展了轰轰烈烈的"教育革命"，主要强调三个内容：一是强调教育为无产阶级政治服务，开展"红"与"专"的教育；二是强调教育与生产劳动相结合，大搞不同形式的勤工俭学，组织师生大炼钢铁，兴办各类工厂；三是在教育领域实现各类"大跃进"，不顾条件开办一大批高等院校，用群众自发式的方式发展教育。这一时期，公民教育与公共精神的培育陷入了一种"唯政治化"的道德旋涡，国家政治权力对"社会生活的各个方面实行无限制的渗透与控制，社会缺乏自主发展空间"❶，对公民公共精神的培育只是流于"运动化"与"口号化"，已经完全被淹没在浩浩荡荡的政治运动中，成为意义失真的摆设，公民教育与公共精神的培育也就彻底被虚无化了。

三、步入正轨——改革开放和社会主义现代化建设时期中国公共精神的培育

1978 年，党的十一届三中全会作出了把党和国家工作中心转移到经济建设上来、实行改革开放的历史性决策。历经 40 多年的沧桑巨变，改革开放发展成绩斐然，经济上由原来高度集中的计划经济体制转变为充满生机活力的社会主义市场经济体制，社会环境也由之前的落后半封闭状态向全方位开放转变。改革开放以来取得的各项历史性成就和经历的种种政治、经济变革，为世界瞩目。然而，这一阶段关于公共精神的培育与探索是伴随经济的发展悄然进行的，并没有作为一个重要社会实践被人们重视。但

---

❶ 杨小明．论有中国特色的政治动员［J］．浙江社会科学，2014（6）．

伴随公民主体性意识、追求社会权利的思想觉醒，表明个体正从单位个体走向公众个体，一个相对独立、追求公共精神的现代社会已经逐渐形成。

首先，经济体制改革为我国公民精神的培育提供物质发展的基础。1978年，党的十一届三中全会召开后，中华巨轮驶入历史新航道。思想的禁锢被冲破后，整个社会压抑已久的活力和创造力喷涌而出，演化成推动变革的强大力量。家庭联产承包责任制改革使农村经济迅猛发展，商品经济的大门由此打开。在改革开放的生产实践中，计划与市场被还原为社会资源配置的一种方式，经济生活领域引进了市场机制，不再只是纯粹地拥护“计划”，排斥“市场”。在市场经济体制下，社会成员间的利益结构由“利他”向“利己”转变，而竞争机制则强化着主体的“利己”冲动。在所有制关系上，相应地实现了从单纯的“一大二公”向以公有制为主体、多种所有制经济共同发展的转变。党的十六大报告更是提出“更大程度上发挥市场在资源配置中的基础性作用，健全统一、开放、竞争、有序的现代市场体系”❶。市场经济的良好发展为我国公共精神的培育与发展提供了良好的物质基础，中国在社会主义市场经济条件下进行现代化建设，孕育于市场经济和民主政治的现代公共精神开始形成发展，随着社会公共生活的快速扩张和公民意识的觉醒，对公共精神欲求愈益迫切。

其次，政治制度的不断发展完善为公共精神生长提供机制保障。1978年召开的党的十一届三中全会为政治体制改革开辟了道路。纵观中国社会政治体制改革，社会个体的利益在市场经济体制的影响下被充分调动，个体的独立自主性也在经济政治民主的发展下不断被放大。在这一时期，中国的民主发展历程由国家主导。从民主化的角度来看，改革开放以来，中国在民主选举、民主决策、民主监督和依法治国等方面都取得了一系列重大成就，有效推进着中国民主化进程长足发展。公民在民主政治运行机制中可实现自由表达和制度支持，同时，通过公共政治参与培育了自身的责任感与公共精神，个体的公共思想与公共意识在政治参与中更加得到彰显，并成为维系政治共同体合法性的重要精神因素。

---

❶ 十六大以来重要文献选编（上）[M]. 北京：中央文献出版社，2005：20-21.

最后，思想改革为公共精神的培育提供了内在精神动力资源。发轫于1978年的经济体制改革，导致了社会生活组织方式的重要变化，因而开启了社会体制建设的新历程。这场改革随后从经济领域逐步扩散到整个社会领域。在社会领域，最重要的变化是从一元社会向多元社会转变，社会公共领域不断成为各种新出现的力量谋求和彰显自主性的最为重要的场域，同时催生了多样而复杂的理念和形态，使社会秩序和社会认同的基础条件发生了新的变化。改革开放给人们带来的变化不仅仅停留在衣食住行基本生活上，更体现在思想观念和文化素养上。人们的精神生活和文化生活日趋多样化，思想观念日益多元化。特别是，人们可以自由地思考、选择和决定自己的命运，被压抑的个性与现代性开始崭露头角，这是改革开放带给人们精神领域的一个最大变化。

此历史时期，"公共人"主体意识觉醒，现代生活中公民的独立人格精神、社会责任意识和公民参与精神愈发活跃，我国也开启了关于公共精神的积极探索和对现代社会的有益建构。尤其是2008年汶川地震发生后，数以万计的志愿者们的身影出现在媒体、广播和电视上，激发了青年学生对于公益事业、公共服务的极大关心。2008年北京奥运会的成功举办，之后2010年广州亚运会和2014年上海APEC峰会的隆重举行，国际赛事和重大活动的举办激发了中国青年人强烈的爱国热情，中国青年人开始用相对平等的视角看西方世界，有了更强的民族认同意识。2011年年底，"公共精神"一词首次出现在思想品德课程标准中，中小学生要具有公共精神被写入《义务教育思想品德课程标准（2011年版）》的课程目标中，公共精神培育进程随着现代社会的发展势头逐渐强势。

四、蓬勃发展——新时代中国特色社会主义时期中国公共精神的培育

现代化，是人类文明进步的标志之一。中国特色社会主义进入新时代，意味着我国发展进入新阶段，取得了新成就，面临着新环境和社会矛盾的新变化。这也意味着我们探索现代化的道路越来越宽，续写了中国特色社会主义现代化的新篇章，证明了中国走自己特色的现代化道路是可行的也是必然选择。随着我国经济实力、科技实力与综合国力登上新台阶，全面

深化改革取得重大突破，国家治理体系和治理能力现代化加速推进，社会保持和谐稳定发展等一系列突出成就，无一不为人们公共性观念的形成奠定了良好的经济基础、思想基础与社会基础。伴随共建共治共享的社会治理格局的逐步形成，社会主义核心价值观日渐深入人心，中华优秀传统文化创造性转化、创新性发展不断推进，人们的公共意识不断提升，理性平和的社会心态得以建立。特别是2020年新冠肺炎疫情发生后，极大激发了人们维护公共利益的热情，人们公共参与的能力与公共服务意识增强了，彰显了新时代公共精神。在疫情防控中，广大人民群众众志成城，守望相助，识大体、顾大局，积极配合全国疫情防控一盘棋；一批批志愿者奔赴一线，真诚奉献、不辞辛苦；青年大学生为抗击疫情奉献青春力量，映现了新时代青年应有的模样。此类公共事件，催生着人们的公共性思维，促使个体将目光转向社会，发挥了“催化剂”作用，促生人们的公共情怀与公共理性，倡扬了公共责任担当与公共参与热情。

随着我国全面深化改革战略部署的整体推进及中国特色社会主义法治化进程的快速发展，文化的多元、经济的充实、价值的多样成为时代突出特征。在竞争、多元的社会中，营造公平、自由、有序的公共环境极为重要。新时代以来，青年人的主体意识凸显，他们强调自身的价值与尊严，敢于宣扬合理诉求，指向人的自觉的跃进，这些公共精神主观因素，离不开我国健全的法制体制的保障，有赖于科学文化知识的普及教育，立足于道德建设的突出实效。

党的十八大以来，习近平总书记多次强调“修身、齐家、治国、平天下”的重要性，在后来的多个公开场合也指出青年要争做有理想、有本领、有担当的时代新人。这是党和国家站在实现中华民族伟大复兴的历史方位提出的人才培养要求，国家意识、责任担当正是新时代公共精神的核心要素。培育公共精神是时代的呼唤，更是落实立德树人的重要行动，也是践行中国特色社会主义核心价值观的重要体现。公共理性需要实现心灵的自我对话，在思考中实现价值认同。对公共精神的不断探索追求，有助于在全社会形成共同认知、凝聚强大精神力量和形成基本的道德伦理规范，最终有利于社会主义核心价值观在公共社会的实践参与中发挥价值引领作用，促使整个社会形成团结、和谐的社会氛围。公共精神培育是实现社会主义和谐社会的价值保障与内在驱动。可以说，进入新时代以来，国家对于公共精神的探索进入了一个蓬勃发展的黄金发展期，在认知中、在情感上、在实践中逐步走向对公共精神培育与弘扬更为深入的发展阶段。

第四节 当代大学生公共精神培育的现实诉求

中国社会发展的新方位为当代大学生公共精神的培育提供了新的发展机遇。2019 年，中共中央、国务院印发的《新时代公民道德建设实施纲要》首次把个人品德与家庭美德、职业道德、社会公德并列，作为新时代公民道德建设的四个着力点。持续强化个人品德建设的教育引导和实践养成，是推动新时代公民道德建设的关键和基础。推进新时代公民道德建设，就必须加强新时代大学生对于公共精神的培育与建设。当代大学生是社会主义现代化建设的重要力量，肩负着中华民族伟大复兴的历史使命，他们作为青年中知识层次较高的社会群体，作为现代化建设的生力军，对于公共责任的态度，对于社会基本秩序规范的遵守，在某种程度上直接决定了将来社会的价值取向。培育当代大学生公共精神迫在眉睫。只有深入开展公共精神教育，增强大学生群体的公共实践参与意识，青年学生才能树立远大的理想信念，成为有理想、有责任、有担当的社会主义建设者，助力实现中华民族伟大复兴的百年梦想。因此，培育大学生的公共精神是关照现实诉求的教育选择，是为了构建社会主义和谐社会、建设有序校园公共生活、发挥大学生示范效应和促进大学生自身发展。

一、构建社会主义和谐社会的需要

公共精神促进个体身心和谐。社会主义和谐社会中存在着许多张力，这些张力主要体现在个体自身、个人与他人、个人与自然、个人与社会之间的关系四方面。每个个体都是一个矛盾体，作为自然特性的个体是独立存在的。但是，伴随着公共领域的逐步扩展，个体作为公共生活的一部分，越来越表现为公共存在，即“公共人”。个体将身心投入公共生活中，身心不再仅仅属于私人。原本是两个极端的“隐私”与“公共”有了交集，个人内部“公”的生活与“私”的行为之间的矛盾就得到了有效调节。个体只有将自身展现在公共领域中，才是和谐完整的人。可见，具有良好的公共精神，是保持大学生个体内部公私合理张力、促进自身和谐的需要。

公共精神促进人际关系的和谐。当今世界是一个交往的世界，人与人之间的公共交往越发频繁，社会关系越发复杂。所以，人与人之间有序和谐交往显得尤为重要。加之社会交往空间不断扩大及个体的自主意识增强，个体在与他人交往的过程中，自我与他人不再是一种主客关系，而是主主平衡关系。大学生在与他人交往时，首要的是对他者的承认，这种承认不仅意味着承认他人自然存在，还要承认他人作为公共主体的社会身份和主体地位。培育大学生公共精神就是要增强青年学生对他人及公共利益的尊重，有了这种尊重与承认，大学生人际关系才能和谐。

公共精神促进人与自然、社会的和谐。人类与自然的矛盾自古以来就存在，人最初作为自然力与自然抗衡，人类发展的过程即人化自然的过程。人与自然、社会之间的和谐发展是社会主义和谐社会的重要主题。人与社会的和谐要求：社会成员对社会公共秩序的遵守，对公共责任的承担。人与自然的和谐要求：在自然面前的个体，要有保护自然、尊重动物生命的意识和行动。这时，公共精神成为调节人与社会、人与自然的重要杠杆，成为人与自然、社会和谐统一的内在支撑。无数事实与实践证明，只有在公共精神的指引下，只有在公共精神的实践中，个人才能打破对私利的狭隘视野，在公共事务的实践参与中才能认知“公共人”的社会角色，自觉做到个体与公共的平衡，自觉维护公共社会的有效运转和长足发展。大学生作为社会群体中的重要组成部分，相比其他社会群体，他们具有更高的科学文化知识水平，是未来社会发展的中坚力量，他们的公共精神状态如何更直接影响着社会主义和谐社会的建设。

二、建设有序校园公共生活的需要

作为大学生开展公共生活的重要场域，学校应该着重对大学生的公共精神进行教育和培养。一些涉世未深的大学生受到西方所谓的“绝对自由”

“极端主义”不良思潮的影响，往往具有明显的以自我为绝对中心的倾向。在校园生活中，个别人排斥参加班级活动、集体活动，甚至在实现自身所追求的“权利”与“自由”时，丧失了对公共事务、公共事件的参与建设能力，导致个体脱离了公共社会发展，也与之失去了有效连接。伴随部分学生对于公共道德和公共伦理的消解，公共精神更是无从谈起，个人便成了“没有公德的个体”。高校是学生步入社会生活的“训练场”，培养学生具有一定的社会责任感是毫无疑问的。不难发现，一些学生现在越来越成为自身利益的坚定捍卫者，是利益环境下产生出来的“精致利己主义者”。他们只热衷于参与有益于自身发展的学习竞赛活动，对诸如校园建设、民主管理等涉及公共事务的事件缺乏参与的意愿和热情。如此一来，青年大学生对极致利益的追求会导致迈入社会之后，以庸俗化的利益衡量公民参加的每一件公共事务，甚至在个人利益与公共利益发生冲突时，毫不犹豫地牺牲公共利益，换取个人利益的保全。因此，校园公共生活亟待大学生群体的公共精神滋养。

一方面，培育当代大学生公共精神是促成良好的校园风气的需要。公共精神“从根本上影响着人们在公共生活中的道德规范、评价和教育功能，制约着人们道德心理的发生、变化和作用过程，从而引导优良社会风气的形成”❶。同样地，校园风气的良性发展也要以公共精神为指导，大学生公共精神指引着校园风气的发展方向。大学校园在一定程度上可以看作微型社会，学生们的公共行为直接影响了整个校园的风气。对学校公共事务漠不关心、逃课早退、破坏校园公共物品、考试作弊、沉迷网络等现象无不破坏着大学本该具有的积极向上、一心向学的风气。只有培育大学生的公共精神，引导他们关心学校公共事务，积极参与校园公共生活，才能引领健康向上的校园风尚。另一方面，培育当代大学生公共精神是营造温馨的校园“小社会”的需要。如今的高校校园已经不再是单纯的象牙塔，校园里的集体学习生活、组织社团活动、宿舍生活等都涉及大量公共生活伦理

---

❶ 梁贵红，周乐秋. 论构建我国公民的公共精神［J］. 湖南人文科技学院学报，2005（4）：10.

的内容，高校校园已悄然成为一个小型的“公共领域”、一个小社会。❶ 当今校园公共生活更加开放，更需要学生们的广泛参与，更需要他们承担责任、宽容合作。打造温馨和谐的校园“小社会”，就要求学生们走出只关心个人利益的樊篱，把关怀的目光投向学校、社会集体公众，把利己的价值取向转为关爱他人和维护公共利益。

三、发挥大学生行为示范作用的需要

新时代大学生作为时代发展的弄潮儿，沐浴在改革开放的共享成果中，他们科学知识素养高，个性突出，网络交往频繁，信息技术利用广泛，价值取向多元，个体意识表达强烈，善于展示自我，对规则意识更加认同。因此，充分利用大学生群体的特点，充分发挥对大学生群体内部的辐射作用十分必要。大学生们在年龄、成长条件、生活经历等方面都较为接近，他们之间的共鸣点和联系点比较多，朋辈之间的影响相对其他群体比较大。大学生外部的约束较少，其行为较多依赖于内部控制，群体内部、朋辈间的良性互动，更易于公共精神的传导、辐射。一些学生具有自强自立的人生信条，具有服务社会、承担公共责任的公共精神，在实际的生活、学习中充分展示、彰显，如此很容易感染其他同学，激励他人产生公德心。

培育当代大学生公共精神是发挥其对社会公众积极影响的需要。培育大学生公共精神不仅有利于提升大学生群体自身的公共精神素养，还有助于社会整体公共精神状况的改善。大学生思维活跃，易于接受新事物，对其进行有关教育引导相对容易。青年学生群体具备积极的公共精神，彰显着青年一代的底气、志气，会对社会其他成员产生引领示范的榜样影响，使公共精神在全社会蔚然成风。具体来说，一方面，大学生通过自身良好的公共行为，为他人树立学习榜样，对社会公众产生积极影响；另一方面，大学生具备较高科学知识水平，可以向社会成员传递公共精神相关理念、知识，人们也乐于接受大学生影响。可见，大学生公共精神培育作为整个社会公共精神构建的重要组成部分应该得到深入推动。

---

❶ 李定庆，柯修．论公民视角下大学生公共精神的培养［J］．太原大学学报，2011（4）：59.

四、促进大学生自身发展的需要

加强公共精神培育是塑造大学生健全人格，提升自我认同的重要选择。当代大学生正处于成人成才的关键期，其世界观、人生观和价值观趋于成熟，是公共责任感逐步确立的重要时期。他们的思想受到中西方价值观念及现代社会新思潮、新观念的冲击，容易出现困惑与问题。在此阶段进行公共精神的培育，培养其独立的人格精神及主体意识，可以纠正其价值偏差，提升其对自我价值的客观认识，明确自身在社会中的角色和主体地位，进一步塑造健全的人格。

培育当代大学生公共精神是提升其道德素养，促进全面发展的需要。从德性的角度讲，公共精神可看作一种社会美德。大学生的德智体美劳全面发展离不开其思想道德素养的提升，离不开社会公德的倡导。当下大学生面临着双重困惑，耳朵里听到的是传统文化的仁义道德，眼睛看到的是现实社会中的一些诚信缺失现象，继而产生猜疑、困惑心理。在大学生群体中培育积极的公共精神，向他们澄清社会中纷繁复杂的道德失范现象，激发其公共责任意识，引导其积极主动地遵守社会基本规范，提高了大学生的思想道德素养，促进了大学生群体的全面成长成才。

培育当代大学生公共精神是促进其顺利走向未来，增强公共参与意识的需要。青年学生不可能一辈子都待在“象牙塔”中，他们总要走向社会，实现自身的社会化。在未来的社会生活中，大学生最基本的社会角色是公民。作为政治人的身份，大学生就要明确自身的合理权利、应该承担的责任，积极主动参与公共生活。而公共精神中的公共责任感和社会公德意识是未来公民角色应具备的基本素质，只有具备这一素质，青年学生才会积极参与公共事务、融入公共生活，实现自身的社会化并承担相应的社会责任。

第三章　当代大学生公共精神现状调查及分析

为进一步透视当代大学生公共精神现实，本书通过实证调查研究，聚焦当代大学生独立人格精神、公共参与精神、公共责任意识、公共规则意识的现状，凝练出当代大学生公共精神的独有特征，并对当代大学生实然与应然之壑进行归因分析。

第一节　当代大学生公共精神现状调查

一、问卷调查设计与实施

（一）当代大学生公共精神现状的调查问卷设计

本次调查研究主要采用问卷调查方法，根据大学生公共精神的核心要素设计相关问题，使原本抽象的概念变得鲜活具体。问卷分为两大部分：第一部分是样本基本背景，主要包括性别、年级、专业等基本资料；第二部分是问卷正式问题，总计28道选择题，涉及大学生对于公共精神的熟悉度、维权意识、主体意识、公共参与热情、爱国爱校情感、公共道德意识、生态环保意识、公益服务意识、民主法治观念、自制自律的行为规范、协商合作精神等变量。

（二）样本的确定及调查方法的选取

本书的调查对象是在校本科生，共涉及中山大学、华南师范大学、广东财经大学、兰州大学、吉首大学、菏泽学院、洛阳师范学院、西北师范大学、北京中医药大学 9 所高校。广州高校主要通过纸质问卷，其他地区的高校通过填写网上问卷获取信息。共发放问卷 570 份（纸质问卷 219 份，网上问卷 351 份），回收 558 份，回收率为 97.9%。通过筛选和校验，排除各种废卷，获得有效问卷 549 份，有效率为 96.3%。对调查结果进行统计，然后根据调查结果完成描述性及交叉分析。

（三）调研的基本情况

本次调查对象不论是性别、年级还是在专业上分布比较平均。在性别上，女生占 51.16%，男生占 48.84%。农业户口占总数的 49.83%，非农业户口同学的比例是 50.17%。38.54% 的调查对象为独生子女，61.46% 为非独生子女。年级分布比较平均。

整体上看，大多数学生具备了较强的公共参与意识、理性批判意识、公共责任意识；持有正面积极的公共态度；维权意识较强，自主意识明确，更为注重个人的成长发展。同时，也存在着以下问题：知行不一、自律性不强；价值取向现实化，价值判断理想化、偏激化；抱怨现实的多、包容别人的少，批判的多、建设的少等。

调查发现，不同性别、年级、专业、地区的大学生在公共精神的认知、态度、行为上并没有特别明显的差异。这是由于当前教育体制下，学生们的学习空间、生活空间狭窄，社会经历单一，所学知识和规范基本靠教师的理论灌输。再加上就业压力的现实问题，他们对于自身未来发展的关注多过社会发展的需要。

本次调研侧重于大学生公共精神核心要素的调查，主要从大学生独立人格精神、大学生公共参与精神、大学生公共责任意识、大学生公共规则意识四个方面进行分析。

二、当代大学生独立人格精神现状

大学生独立的人格精神是其公共精神得以良好养成的前提与基础。本部分主要从大学生的独立自主意识和维权意识等情况来了解其独立人格精神的基本境况。

（一）自主意识较强，独立人格意识一定程度被弱化

在成年后，人生大事（如高考填报志愿、读研等）由谁决定的调查中，3.99%的学生表示都是父母决定、自己服从，15.95%的学生是完全自己做主，68.77%的学生是自己做主、听取亲朋好友意见，10.96%的学生选择了什么情况都有，0.33%选择了其他。这说明大部分学生能独立自主地进行人生选择，但也会听取他人意见。当代大学生们在人生道路选择上是比较谨慎、认真、独立的，他们有自己独立的价值判断，明白自身所处的社会地位，他们有主见、有目标、有追求，能够自主选择、自主学习、自主生活。

关于大学生对权威的态度的调查，66.11%的学生表示偶尔会怀疑，17.28%的学生表示经常理性怀疑或质疑公认的事情。但也有12.29%的同学表示极少怀疑或质疑外在公认，3.99%的同学表示总是怀疑或质疑公认，0.33%的学生表示从来没有怀疑过公认的事情。这表明一部分学生仍然依附和服从于公认，极少或根本从未思考过公认从哪里来，应该怎样理性、批判地遵守。质疑、怀疑公认并不是对公共生活的扰乱，它强调的是公共生活中应时常具有独立思考、理性判断意识。

由此可见，在少数大学生的生活中存在着一些人格被弱化的现象。除了生活上追求物质享受、跟风潮流，有时也会盲从。学者、专家们固有所长，但一味对权威盲从，会使大学生丧失独立的人格、自我思考意识及自我挑战精神。值得欣慰的是，多数学生表示曾经理性质疑过公认，证明他们对于公认并非一味服从，这对于从“臣民”向“公民”角色的转变具有重大意义。

（二）维权观念较强，方式仍须改善

在宿管中心检查，个别工作人员随意翻查学生物品时，同学们的反应如何的调查中，高达71.43%的学生会表达强烈不满，提出异议，并制止。19.93%的学生表示他们虽然心中不快，但迫于管理者的身份，选择心中忍耐。2.33%的学生表示无所谓。3.22%的学生没有不满，会支持管理员工作。这意味着自身权利受到侵害时大多数学生会选择维护自身的权利。但

也有部分同学的权利意识淡化，表现出无所谓的态度。

对于维权方式的选择的调查，是通过同学们对宿舍楼旁边的建筑工地在休息时段施工的态度来进行的。47.42%的大学生表示会向学校有关部门反映。34.97%的学生表示心中会有不满，但不会采取措施。有10.63%的学生表示会直接去跟施工负责人理论、抗议。5.32%和1.66%的学生分别选择了无所谓和其他。

通过两题的统计结果可知：首先，涉及个体切身利益时，同学们一般会选择积极维护。一旦涉及部分人共同利益时，一些大学生就会选择忍忍就过的心态。有学者认为只有具有很强的私权维护观念的人才会在公共领域为“人民主权”原则而奋斗，从而滋生公共道德感。[1] 大学生的私权维护观念怎样转变成公共权力的维护意识，正是培育过程中应该思考的问题。其次，大多数学生会采取合理合法的方式维护自身权利，但不乏一部分学生还是直接采取较为激进或相对粗暴的方式来解决权利侵害问题。可见，帮助大学生提升理性思考能力、提升公共权力的认知度和维护的行动力是摆在我们面前的新课题。

（三）权利意识的认知较强，行使意愿相对较低

法律的普及和“人民主权”的宣传，使得大学生对于权利意识的认知较强。在回答是否同意如果对于政府的个别政策有不同意见，应该通过合理的方式（如写信、上访、媒体曝光等）表达出来这个问题时，37.52%的调查对象表示完全同意，47.36%的同学表示基本同意，12.93%的学生选择不确定，1.64%和0.55%的同学分别表示基本不同意和完全不同意。选择不维权的学生比重相比前面的选择维权的同学更低，从而说明了大学生虽然在主观上认同公民权利，但行使的意愿较低。权利认知与行使意愿并非十分匹配。

---

[1] 章秀英．公民意识评价与培育机制［M］．北京：中国社会科学出版社，2012：147.

（四）价值判断理想化，有失客观全面

针对“你认为社会上讲求公平正义的人”一题，只有16.33%的大学生认为社会上讲求公平正义的人很多。37.72%的学生觉得有一些，38.55%的同学认为不多，4.80%和2.60的学生分别选择没关注和其他。大学生们对于社会现实的评判过于主观，未能全面、客观、科学、发展地看待当前的公共生活领域中凸显的问题。只有引导大学生切实融入公共生活，培养其理性思考能力，才能使其真正了解社会运作方式，了解社会问题背后的深层原因。

三、当代大学生公共参与精神现状

大学生的公共参与是指大学生以主人翁的心态，有序参与学校教学、管理及其他社会公共事务。本书主要从大学生对于校内外公共事务的参与来考察公共参与精神现状。

（一）积极参与教育教学活动

课堂是学习之所，是大学生公共参与精神得以体现的场域。课堂的顺利进行不仅需要教师的积极引导，还需要学生的主动配合与参与。在课堂上的积极参与是大学生公共参与精神的外在表现。在“进入大学以来，你逃课的频率”的调查中，有51.42%的被调查者表示极少逃课，表明这部分学生具有积极的课堂参与意识。但也有38.43%的学生表示偶尔会逃课，此部分同学并没有时刻约束自己，自律性有待加强。5.42%和3.64%的同学分别表示经常逃课和从不逃课。1.09%的被调查者选择的是总是逃课，这是极其缺乏课堂参与的表现。作为在校生，其主要任务是参与教育教学活动，课堂教学又具有不可替代的地位，如果连基本的课堂教学都不参与，校内的其他公共事务及社会政治参与就无从谈起。而那些从来没有逃课经历的学生，对于课堂的公共参与热情很高，做到了严于律己，其行为在大学生群体中可起榜样示范作用。

从不同年级来看，选择极少逃课和没有逃课的学生之中，大一学生相

比其他三个年级的比例更高；从性别角度来看，选择经常逃课的男生比例高于女生。可见，大一学生有更高的自律意识和参与意识，女生在课堂的参与方面，积极性也值得肯定。

（二）参与校园学生事务，带有一定功利性

高校育人功能的充分发挥，校园公共秩序的维持，除了高校教职工的辛勤努力，大学生对于校园公共事务的热情参与也不容忽视。在回答校园公共事务的参与度问题“学校后勤部门就餐厅卫生改进问题在微博上征求师生意见，你会怎么做”时，调查对象中58.47%的人表示会积极参与，发表相关合理意见。15.95%的调查对象会关注此事，但认为自己人微言轻，发表意见也没用。以上学生对于校园学生事务都有关注，但后者属于想参与其中，因担心徒劳只好作罢。针对这样的学生，应鼓励其转变心态，树立信心，迈开第一步参与其中是获得参与结果的前提。12.29%的被调查大学生表示会参与其中，不管意见合不合理都会发表。所谓无规矩不成方圆，这种不遵守公共规则的公共参与可能会造成负面效果。在培育公共精神的过程中应培养大学生规则意识，引导其合理进行公共行为。1.99%的同学选择其他，11.30%的被调查者表示不会关注此事，这部分学生对于校内的学生公共事务参与度明显不足。

在“你参加学生会或社团活动的目的有哪些”的调查中，8.97%的调查对象表示没有参加过学校的各类社团，这部分被调查者对于校园公共参与的热情不高。按照同学们的选择，所选比例从高到低为：扩大交际圈，丰富大学生活；锻炼自己团队协作能力；兴趣爱好；增加实践经验对工作有利；评奖加分；服务师生。从此顺序可以看出，扩大交际范围，丰富大学生活是被调查者参与校园公共活动的首要目的，而兴趣爱好并非大学生积极参与社团活动的首要驱动力。锻炼自己的合作能力，增加实践经验等目的说明大学生能从现实角度出发，与现实接轨，做长远打算。评奖加分可视为短期目的，积极参加学校活动综合测评可加分，对部分学生有较大的诱惑力。而排在末位的是服务师生，这说明部分学生的奉献意识、为他人服务的意识不足，存在功利性目的的倾向。

（三）关注公共事件，但深入了解度和政治参与度仍须加强

在“你会关注有关中国的重大事件吗？（包括政治、经济、军事等）”的调查中，40.86%的大学生表示经常关注，47.84%的被调查者表示偶尔关注。选择很少关注中国重大事件的比例只有5.98%，没有人表示从不关注国家大事。5.32%的大学生表示总是关注，这说明多数学生虽未达到“先天下之忧而忧，后天下之乐而乐”的气度与胸怀，却关注社会大事，关注公共事件，关注国家命运和民族复兴的未来。

另外，大学生对于2020年10月26日至29日召开的党的十九届五中全会的关注情况，可用来考察大学生的关注度及深入了解程度，进一步对关注国家重大事件进行印证。50.23%的调查对象表示知道召开，但不了解具体内容。这表明多数学生虽然关注时事，但仅限于浅显认知，并未深入了解具体内容。可能受限于所处现实环境，学生更多关注的是跟自身利益有关的评奖评优、就业等信息，他们首先关注的是自我，而对大环境的敏感度并不高。其中，38.46%的大学生表示比较关注，了解一些。有7.64%的调查对象表示密切关注，了解较多。但也有2.52%的学生表示不关注此次会议，与他无关。1.15%的大学生选择了其他。这说明部分同学对于社会大事的关注仅仅停于表面，对社会事件和相关政策并未深入解读。不同年级对于社会大事的了解度有细微差别。大四的学生相比其他年级对于党的十九届五中全会的了解更为深入。相对而言，高年级的同学更关注时政信息，他们在求职过程中接触社会的机会较多，会更加关注社会现实，关注时事和政策导向。因此，激发大学生公共参与的热情，要有针对性地进行指导，特别是低年级学生的公共参与度应着重强化。

多数学生会关注社会大事，那么其政治参与度如何？在“假如你现在有机会参与区人大代表的选举投票，你会怎么做”的调查中，76.74%的调查对象选择会积极参与，投出谨慎的一票。这表明大多数学生对政治参与采取积极认真态度。但也有14.29%的被调查者选择了会参与其中，只是纯粹体验，随便选选，反正结果都一样。这部分学生虽有公共参与意愿，但对我国既有制度存在较大误解，价值判断主观片面。仍有6.64%的被调查

者表示与他无关，不会参与。2.33%的大学生选择了其他。这部分学生的政治参与热情不高，应引导他们积极投身政治参与中，理性地进行利益表达，为中国的民主化进程作出贡献。

（四）社会公共参与方式多样化

大学生们以何种方式关注社会事件，参与公共生活呢？在“社会上发生公共新闻事件时你会以何种方式表达关注（可多选）”的调查中，与同学交谈讨论和网上浏览新闻网页或发表评论的选择率较高，公共场合发言的选择率不到9.00%，向有关部门写信或投稿的选择率也较低。同学们选择的方式比重从高到低依次为与同学交谈谈论、网上浏览新闻或发表评论、公共场合发言、向有关部门写信或投稿、不关注。大学生们参与公共生活、关注公共事务的方式呈现多样化趋势，网络、传媒、现实言论等方式得到普及。但同学们对于公共事务的参与一般采取的是私人化的关注方式。私下与同学讨论或者自己浏览网页都是一种私人化的方式。而公开性的言论或者发稿倡议的选择率相对较低。因此，以何种合理方式关注公共事件，改善公共环境，是大学生公共精神培育过程中应考虑的重要环节。

四、当代大学生公共责任意识现状

大学生的公共责任意识是指大学生主动维护公共利益，自愿奉献出时间、金钱，勇于承担公共责任的观念态度的总和。本部分主要从爱国爱校情感、公共道德意识、公共服务精神、生态环保意识、对待动物的慈悲胸怀五个方面的现状来考察大学生公共责任意识的现状。

（一）爱国爱校情感强烈，理性行为尚须引导

“天下兴亡，匹夫有责”，爱国不仅仅是一种强烈的情感，更是大学生应担起的公共责任。在“听到外国对中国的客观批评时，你的反应”调查中，57.81%的调查对象表示会坦然接受并反思。27.91%的调查对象选择反感他国的批评，心里感到难受，但会反思。这说明绝大多数学生具有强烈的爱国意识，并能够做到理性反思。教育中要引导这部分学生将理性爱国

意识转化为爱国行为。另外，9.97%的调查对象表示希望采取具体行动抗议他国批评。这部分学生具有单纯质朴的爱国情感，并未上升至理性层面，要对这类学生进行思想疏导，使其学会理性爱国的方式。当然，也有2.33%的学生选择无所谓的态度，1.98%的学生选择其他。如果对社会漠不关心，他们就会渐渐疏离集体，最终就是个体的孤独、消沉。

热爱自己的学校，维护校园公共环境（自然环境、人文环境）和公共设施，也是大学生公共责任意识的体现。从爱护校园公共设施及对母校的情感可窥其爱校之情。在“将来事业成功，你是否愿意为母校捐款”的调查中，有59.80%的调查对象选择愿意捐款，以一种主人翁的态度承担起建设美好母校的责任。32.89%的被调查者表示看情况而定，但也有3.66%的学生表示不愿意，2.99%的学生表示不好说，0.66%的学生选择了其他。这在一定程度上说明：绝大多数学生具有良好的爱校情感，在条件允许的情况下会选择为母校捐款。

对于校园公共设施的爱护在一定情况下也可以体现大学生的爱校意识，因此展开了“在大学期间，你曾因心情不好而去破坏学校的公共物品吗”的调查。91.03%的大学生表示从未有过，这部分学生的行为值得提倡。7.64%的学生表示有过破坏行为但极少。1.00%的调查对象表示经常会因为心情不好而去破坏校园公共物品，0.33%的学生选择了其他。爱护校园公共物品要求人人参与、人人有责，学生校园生活中的小事更能显现公共精神，在公共精神培育过程中，从学生身边的校风校纪抓起，会起到事半功倍之效。

（二）公共道德意识主流良好，但认知与行为倒挂

大学生的公共道德意识是指大学生自觉遵守校园或社会公共生活中的道德规范及行为准则的意识。本书主要从公共道德的认知及公共物品的爱护两方面来解读大学生公共道德意识的现状。在“你同意作为一名大学生，应极力维护公共利益，遵守公共道德规范吗”的调查中，44.26%的调查对象表示完全同意，48.09%的大学生表示基本同意。4.92%、2.00%、0.73%的同学分别选择了不确定、基本不同意、完全不同意。这说明绝大多数大学生具有较高的公共道德意识。

绝大多数学生没有因为个人心情不好而去破坏校园公共物品，正是对公共道德意识的践履。但学校的公共物品处于相对比较开放的环境，有多重因素在约束学生的公共行为。通过调查同学们比较私人的对公共图书的阅读方式，更能说明大学生公共道德意识的践履现状。在“阅读图书馆的图书时，你会怎么做”的调查中，76.08%的大学生选择了不在书中做标记，保持图书整洁。这部分同学有爱护公物的高尚品质，应继续保持与发扬。20.27%的学生会用铅笔做标记，但还书时会擦掉。这说明这部分学生具有良好的阅读习惯，但是有时铅笔印迹即使擦去也会留下痕迹，所以为保证公共物品的完好如初，应避免在公共图书上做标记。1.66%、1.00%、0.99%的学生分别选择做一些无法抹去的标记以便查看、遇到需要的内容直接撕下为我所用、其他。这部分学生都展示出不好的行为，做一些无法抹去的标记，为后来者阅读造成不便；直接撕下为自己所用，后来者则无法继续查阅，极个别大学生在讲起公共道德时头头是道，但行动起来却不尽如人意。

由此可见，绝大多数学生有良好的公共道德意识，但这种意识转化为道德行为时就大打折扣。他们对与自己没有直接利益关系的公共事务（校园公共物品），基本可做到守规则、守纪律。对与自己有着直接关系的事务（如在公共图书上标记有助于自己识记），其公共道德支配下的行为并不会对应存在。所以，突破“自我”，关注“公共”与“你我他”是扭转同学们知行脱节局面的关键。

从性别角度分析，选择遇到合适的直接撕下，女生为0.00%，但2.04%的男生选择了直接撕下，这方面，女生的表现更好，男生表现稍差，这部分学生是重点教育和引导对象。80.95%的男生选择了不在书中做标记，这一比例较女生更高。

（三）公共服务的自觉性尚待提升

高喊服务口号容易，拥有主动服务意识较难。从事大量主动的公益服务活动，才能逐渐养成无意识行为，促进服务意识转化为潜意识。大学生的公共服务意识是大学生自觉主动地做好公共服务工作的观念和愿望，是大学生责任意识的表现形式之一。

在“对于参与校内外公益活动，你的想法是什么”的调查中，21.93%的大学生选择会积极创造机会参加。这部分学生能够主动、自觉地参与公共服务活动，稍加引导和实践锻炼，服务意识可作为潜意识出现。65.78%的调查对象表示有空就参加。多数同学表示时间允许的条件下，愿意参与到公益服务活动中，主动意识仍须加强。针对这种情况，学校的公益慈善活动应充分考虑学生的现实情况，依据学生的时间安排，协调整个活动的行程。但也有8.31%的学生选择学校学院有要求才会参加；2.66%的调查对象表示能不参加就不参加；0.66%的学生选择了与他无关，从不参加；0.66%的学生选择了其他。他们对于公益活动只是消极地应付，外力的硬性规定才使其勉强参与，这完全违背了服务精神的实质，志愿活动效果较难实现。

（四）生态环保意识较强，但仍须主动落实

伴随全球化的深入发展，生态环境问题逐渐成为一个关乎人类生存的问题。大学生作为社会成员之一，必须处理好个人与自然的关系问题。维护生态平衡、关爱自然、关爱地球成为大学生公共责任的重要内容之一。大学生的生态环保意识在日常生活中更能得到真实体现。

在“去超市购物时，你购买塑料袋吗”的调查中，11.63%的调查对象表示经常选择购置购物袋（有学生标注出购买塑料袋方便快捷），这部分学生主要出发点是方便自己，而不是出自环保动机。54.49%的大学生表示偶尔会买塑料袋（购买的东西较多，徒手拿不动，或者忘记自带购物袋时会购买），这表明这部分学生已具有环保意识，但因各种现实原因，并未付诸行动。29.56%的调查对象表示购物时几乎不购买塑料袋。他们不仅具备较强的环保意识，还有相应的环保行为。4.32%的学生表现更好，从不购买塑料袋，可作为环保教育的榜样。

（五）善待动物生命的慈悲胸怀

所有生命体都具有平等的权利，动物生命同样值得尊重。在“你有过伤害动物的行为吗”的调查中，88.50%的同学表示从未伤害过动物，

6.40%的学生表示极少有这种行为发生。分别有3.64%、0.91%、0.55%的同学选择了偶尔、经常、总是。可见，绝大多数学生具有爱护动物生命的慈悲胸怀，对于野生动物的保护也比较到位。较少学生表示有伤害动物的行为，这部分学生善待动物生命的意识相对淡薄。

五、当代大学生公共规则意识现状

大学生公共参与的规则意识是指大学生对于法律、道德、校规校纪等行为规范的主观认同和客观遵守，是公共精神基本内容之一。前文提到，公共参与是形成公共精神的基本前提，但参与本身并不代表着“公共善”和“最高善”，如果没有参与的有序性和规则意识，很可能使共同体陷入混乱。大学生只有具备公共参与的素养和能力，才能保证良好的参与效果。本部分主要从公共规范的认知与行为、自制自律的行为取向、公共协商精神、宽容合作的意识等方面分析大学生公共规则意识现状。

（一）公共规范认知与行为脱节

公共规范包括法律和道德两个层面内容。大学生的法律意识不局限于“纸上的法律”的认知，还包括生活中对法律的体认，即大学生自身的法律理念。道德和法律规范共同约束、控制、指导着大学生的行为，维持着大学生与群体、他人的合作关系，归属大学生公共精神中的规范之维。在是否赞同“自身利益能得到最大满足，违背一点儿道德规范没关系”的调查中，54.82%的大学生表示不怎么赞同，24.58%的学生完全不赞同这一说法。多数学生对于道德规范的认知是良好的，在不违反道德、规范的前提下表达、追求合理利益。有13.95%的调查对象表示部分同意此观点，甚至有3.99%的人基本同意，2.66%的学生表示完全同意。这表明有些大学生道德规范认知不足，这样一来，良好的公共行为也很难形成。

身处校园中的大学生不仅要遵守社会上的道德与法律规范，还应维持校园公共秩序，遵守校规校纪。维护校规校纪的前提就是了解校规校纪。在“你对于校规校纪的具体守则了解多少”的调查中，完全了解的比例达到3.32%，有42.54%的学生表示基本了解学校的校规校纪。但也有

42.52%的学生表示有些了解而已，另有10.96%的调查对象表示不怎么了解，0.66%的同学表示完全不了解。由此，在新生教育和公共精神培育的过程中，应加强校规校纪的规范教育，夯实大学生规范行为形成的基础。

在“假如你工作后有一定实权，在工作中你会怎么做”的调查中，60.47%的学生选择秉公办事，遵守法律、法规。半数以上的学生认为即使拥有实权也应该遵守国家法律法规和道德规范，弘扬民主法治观念，崇尚公平正义的精神。13.62%的调查对象选择除熟人外，尽量秉公办事。身处人情社会的大学生们，在现实选择面前，仍会深陷现实矛盾。23.59%的调查对象表示说不好，依情况而定。仍有1.33%、0.99%的学生分别选择以权谋私及其他。这足以说明，当代大学生在道德认知层面表现较好，在现实行动中却犹豫不决，不知该如何选择，良好的规范认知对其行为选择并未起到指导作用，甚至有人选择利用职权谋取私利。仅仅在假设的情况下就有此选择，倘若实权在握，后果难以想象。为此，加强知行的转化，是解决这一现象的重要途径。

（二）自制自律精神表现不佳

大学生的自主意识较强，他们自主选择、自主学习、自主追求个人权益，但往往在追求权益的过程中，会不自觉地丢掉了道德和法律这个“度”的约束。有些人脱离了公众的监督视线，常常不能把公共规范的认知稳定地转化为良好的公共行为。在“若没车没人，红灯你也会过马路”的调查中，完全不符合的选择比例为20.93%，有33.22%的调查对象选择不怎么符合，这说明一半以上的大学生能在无人监督的情况下，表现出稳定的自制自律行为。4.98%的调查对象表示完全符合，17.28%的调查对象表示基本符合。这表明部分学生并不能做到慎独，在没有外力监督的情况下就不能很好地遵守公共秩序。23.59%的学生选择了有些符合，这表明大学生良好的公共行为不具有稳健性与持续性。

（三）公共协商精神仍须养成

公共协商精神是大学生面临价值分歧、价值冲突的情况下，习惯性地运用理性方式协商解决矛盾，而非采取暴力、专制等强硬手段。学会协商就是学会相互信任、相互尊重的交流态度，学会与他人协同创新、积极合作的方式方法。公共协商精神是大学生谋求双赢、多赢，营造温馨校园“小社会”，构建民主、和谐人际关系的基本条件。在“在学校餐厅就餐时，发现饭菜不卫生，你会怎么做”的调查中，54.28%的调查对象选择忍气吞声，认为这是小事，没必要斤斤计较。15.30%的学生选择在不打扰别人就餐的前提下，找相关负责人解决。另有22.04%的同学表示会向学校相关后勤部门反映情况，力图改变餐厅就餐质量。6.19%的同学选择直接找员工理论，2.19%的调查对象选择大吵大闹以引起注意。这说明同学们的协商意识仍须养成。餐厅是学生密集的公共场所，不能选取简单粗暴的解决方式，以免造成事件的扩大。但仍有极少数学生选择大吵大闹，以事情扩大化方式解决问题，这正是缺乏协商意识的表现。

（四）合作意识较强，缺乏包容胸怀

处于竞争环境的大学生，逐渐学会了与他人合作，共享合作成果。在“教师布置一项个人较难独立完成的任务，你会愿意与他人分工合作吗”的调查中，32.60%的调查对象表示完全愿意，基本愿意的同学比例也达到了60.84%，表明绝大多数调查对象有强烈的合作意愿，这或许不排除个人利益因素的影响，但学生们已经跳出个人的局限，把眼光投射到其他人。5.10%、1.09%、0.37%的同学分别选择了不确定、基本不愿意、完全不愿意。

在经济全球化的浪潮中，大学生群体是否拥有包容精神对其自身发展有重要影响。只有具备包容合作意识的个体，才能够尊重、理解、选择、吸纳不同的思想、观点，才能逐渐拓宽自己的知识视野和眼界，拥有广阔的胸怀，最终做到爱国爱校，心怀社会，心系天下。

第二节　当代大学生公共精神的本质与基本特点

公共精神是社会公共生活的产物，是衡量一个国家道德风气的标杆，

也是衡量一个国家文明程度的重要指标。随着现代社会政治、经济、文化的进步，特别是改革开放40多年，社会主义市场经济体制改革的深化发展，社会物质生活得到了极大丰富，个体间的公共交往空间不断拓展，社会公共生活空间不断扩大。大学生群体作为知识程度较高的群体，是未来社会发展的坚实力量，在某种程度上将决定未来社会文明的发展走向，他们对于公共精神的认识与践行，对构建社会主义和谐社会具有深远而重要的意义。究其实质，当代大学生公共精神是对现实的人的自由而全面发展的追求，是对自由、民主、公正、法治的超越性追求，是当代大学生的独立人格精神、公共参与精神、公共责任意识和公共规则意识在社会公共生活实践及公共事务参与中的具体表现形式。孕育、发展于改革开放后社会主义市场经济的沃土和新时代社会公共化的社会结构转型时期的公共精神，呈现出了自主意识与自律性矛盾并存、理性批判的稳健性与随意性伴生、价值取向的现实性与价值判断的理想化共存的特点。

一、当代大学生公共精神的本质

“公共精神”的本质就是要求公民从主观意志到实际行动上都要参与到公共事务中来，其中所承载的公共关怀更为重要。❶ 公共精神的弘扬和培育不仅是建设社会主义和谐社会的题中之义，是增强公民参与公共事务的管理意识、参与意识的重要体现，更是民主精神、自由精神、公正精神和法治精神的演练。

（一）民主精神是当代大学生公共精神的政治向往

“民主是人类政治文明发展的成果，也是世界各国人民的普遍要求。”❷ 民主作为社会主义核心价值观社会层面的重要追求之一，体现了现代社会追求的政治价值目标。关于民主的讨论与探索，中国人从未停下前进的脚步。从早期知识分子对民主精神在中国的践行进行的艰难探索，到伴随改

---

❶ 于荣霞，方芳．青年德性发展离不开公共精神的培养［J］．人民论坛，2016（24）．

❷ 中华人民共和国国务院新闻办公室．中国的民主政治建设（上）［N］．人民日报，2005-10-20（010）．

革开放后社会主义市场经济的逐步发展完善，打破了传统社会中的身份界限和文化阻碍。经过40多年的改革发展，我国政治民主制度得以推广和完善，公民的民主精神也在实践中不断增强，越来越多的公民尤其是青年学生群体开始参与公共事务和中国民主政治的建设与管理。公民的自主意识和民主精神明显增强，有助于提升公共精神水平。公共精神的培育、发展过程，也是中国对民主精神探索的过程。近些年来，我国对公共权力的配置，逐渐由政府单一主导走向社会与政府共享权力的轨道，政府与民众之间，合作与互相成就的双赢模式也逐步建立起来。这为当代大学生参与公共事务与政府意见收集拓展了更多渠道。青年学生往往对民主精神有着正确的理解与感悟，对民主有着更为急切的追求，对国家现有的社会主义民主制度总体评价较为积极和正面，侧面反映出他们参与公共事务、追求民主的愿望较之于代际之间更为强烈。大学生作为政治生活的参与者，具有真正的言论自由、出版、游行示威等政治权利，依法参与国家政治事务的管理与建设，民主精神正是在政治公共事务的日常参与中得到体现和发展。

（二）自由精神是当代大学生公共精神的不懈追求

自由是指人的意志自由、存在和发展的自由，是马克思主义追求的社会价值目标。自由是公共社会中一项重要价值存在，是公共精神得以健康发展的基本前提。什么是自由？从哲学范畴来讲，它是主体意志与客观实际的理性统一；从政治社会学范畴来说，它是以现代社会中的个人为主体，按照主体的意志行为所拥有的权利和行为选择；从法律意义上来说，自由是在社会实践中形成的人与人之间的自由关系，不会与社会实际割裂开来。《中华人民共和国宪法》规定了公民具有言论、出版、集会、结社、游行、示威的自由和宗教信仰自由。西方的米塞斯在其《人的行为》一书中对自由做过专门讨论，他从行动学法则、政府和市场三个不同角度阐释了自由的含义。自由在人的机制与社会伦理的追求上来说，是人潜力的外部表现，自我意识在现实公共社会的实际化，是公共社会永续发展的不竭动力。所以，人类社会一直从未放弃过对自由的追求。恩格斯说过：“最初的、从动物界分离出来的人，在一切本质方面是和动物本身一样不自由的，但是文化上的每一个进步，都是迈向自由的一步。”❶ 对于大学生来说，他们追求自由精神是现代公共精神的进步展现，他们所追寻的自由精神，在社会主义建设的伟大事业中、在全面建成小康社会的伟大实践中、在实现中华民族伟大复兴的伟大实践和伟大征程中去找寻、去获得。

（三）公正精神是新时代大学生公共精神的价值取向

公正即社会公平和正义，它以人的解放、人的自由平等权利的获得为前提，是国家、社会应然的根本价值理念。公正作为美德追求的起点，是维护现代社会群体团结一致的黏合剂，是搭建大学生群体沟通进步的基本桥梁。党的十八届三中全会通过的《中共中央关于全面深化改革若干重大问题的决定》将公平正义作为改革发展的出发点、落脚点。公正是促进社会稳定和谐发展的重要源泉，公正精神能够激发大学生创造丰富的物质财富与精神财富，并积极投身到实现中华民族伟大复兴的伟大梦想和建设中国特色社会主义伟大事业的实践任务中去。社会中如果没有公正精神的存在，会导致社会成员之间互相不信任，加剧信任危机；会导致国家政治和政体的合法性遭到质疑与推翻。公正精神在一定程度上有这样的意涵：一是人人权利平等，承认现代社会成员所拥有的平等权利，这些权利不因人们的社会地位、收入差距、种族性别等方面的不同而有所区别；二是人人机会均等，公共社会中每个人参与公共事务的治理与建设机会是均等的，不因谁拥有特权而特别。“机会平等的理念与准则为社会成员提供了广阔的选择余地和有效的发展空间，提供了更高的发展期望，同时还提供了发展的基本规则，从而激发了现代社会的活力，提升了社会进步的质量。”❷ 公正精神作为大学生公共精神的价值取向，需要通过公正教育的引导增强大学生道德建设和伦理修为。

（四）法治精神是当代大学生公共精神的建设目标

法治是治国理政的基本方式，依法治国是社会主义民主政治的基本要

❶ 马克思恩格斯文集：第9卷［M］．北京：人民出版社，2009：120.

❷ 吴忠民．走向公正的中国社会［M］．济南：山东人民出版社，2008：21.

求，是实现自由平等、公平正义的制度保证。近代以来，对法治精神的探索是我们文明进步的重要标志。梁启超认为中国人最大的缺点就是没有法治精神，他把法治主义看作当时救国救民的唯一主义。中华人民共和国的成立开启了我国法治建设新纪元；邓小平提出要继续发展社会主义民主，健全社会主义法制；党的十五大明确提出依法治国，建设社会主义法治国家；党的十七大提出了“深入开展法制宣传教育，弘扬法治精神，形成自觉学法守法用法的社会氛围”的要求；党的十八大以来，习近平总书记提出坚定不移走中国特色社会主义法治道路。中国共产党人历经几代人的努力，在实践中不断深化对法治精神的理解。

只有通过法律化、制度化，依托于现代社会中参与公共事务的依法、守法、执法实践，才能使法治精神内化为人们心中的理念，成为规范其公共行为的价值准则，才能成为改变社会风貌的强大力量。现代公共社会的稳定发展过程中始终离不开法治精神，没有法治就没有规则，没有规则，自由也就无从谈起。公共社会如果没有法治精神的指引，社会秩序将无从谈起，各种有悖于社会规范、伦理道德的行为与事件便会时有发生。法律作为公共社会的主要制约，对大学生群体的公共精神培育提供法律保障，引导学生在法律允许的范围内进行公共参与，最终实现弘扬公共精神与构建社会主义和谐社会的有机结合。

二、当代大学生公共精神的基本特点

（一）自主意识与自律性矛盾并存

从内在结构看，当代大学生自主意识与自制自律性之间的矛盾仍然存在。自主意识是独立人格精神的主要因素，也是大学生公共精神的重要构成。自主意识是指大学生在思维与行动中的独立意识与主动性，主要表现为独立、自由地支配自己言行的思想状态。自律性是指自觉主动地按照法律、法规、道德、制度等要求，规范个体自身行为的意识。因此，个体的自主意识与自律性应该是一致的，自主意识使个体自主选择行为，并对自身的行为负责；自律性是个体自主行为的保障，使其在规则的范围内行动。从大学生公共精神的现状来看，自主意识较强是他们的突出特点，多数大学生有主见、有目标、有追求、有理想；他们能够自主生活、自主学习、自主择业、自主工作；他们比较注重了解自我、充实自我、发展自我、调节自我、完善自我，并逐渐走向成长成熟。

但仍须看到的是，一些大学生在发展自主意识的过程中，往往以自我为中心，过分关注自我，而忽略了自身的自主性行为的保证，即自律性的发展。大学生自律性发展，是个体依照法律、法规、道德要求，融入校园公共生活，融入社会，达到个人与他人、学校与社会的协调性发展。虽说大学生也比较注重发展周边人际关系，愿意参加校园活动和社会实践活动，积极融入社会生活，但部分学生在发展自律性的过程中，受到全球化、信息化、网络化的时代浪潮影响，仍然没有做到主动学习法律、法规、道德规范，自觉养成自制自律的行为规范。西方文化中存在的一些不利于大学生群体身心健康发展的不良社会思潮，深刻影响着大学生群体的行为方式和价值塑造，甚至最后干扰了大学生的自主性价值判断和自律性的道德选择。此外，社会中贪污腐败、权钱交易，违背社会主义核心价值观，把集体利益、民族利益和公共利益抛之脑后，追求自身奢靡享乐和个人利益的无限追求等现象，对大学生也有影响。部分大学生甚至以自我为中心，漠视校规校纪，无视社会公德，对社会产生敌对心理，自主意识出现盲目性倾向，最终导致自主意识与自律性矛盾的出现。这一矛盾的出现表明，大学生的独立自主意识仍须引导，自律的行为取向仍须加强，只有实现二者的统一发展，大学生公共精神的内部结构才能协调。

（二）理性批判的稳健性与随意性伴生

从群体性看，大学生理性批判意识较强，具有稳定性特征，但与随意性相伴随。大学生具有较强的自我意识、较为明确的发展目标、较强的思辨性和逻辑思维能力、较高的文化水平和道德素养，这决定着他们的公共精神与其他群体（如农民、工人等）具有不同色彩。大学生已具有批判意识、自主思考的知识储备，理性思维不断发展。特别是随着互联网的普及，知识单一的传播方式被改变，大学生逐渐具备了分辨、选择、吸收大量信息的能力，形成了理性批判的习惯。他们之中虽然也存在一些“事不关已，高高挂起”的现象，但总体上不仅关注个人事务，还会关注国家、社会大事，关注国家命运、民族复兴。他们能够站在面向现代化、面向世界、面向未来的高度，对一些看似“完美”却不符合社会整体发展方向的社会现象或道德规范进行分辨、比较、选择、否定和批判。他们能够在复杂的既有道德价值观念体系中，选取合适的判断鉴别工具，在理性批判的基础上，自觉、自主地选择符合社会进步的主流的道德价值取向，保证自身发展方向。可见，大学生的理性批判具有稳健性特征。

但是，我们应清醒地看到，青年学生处于纷繁复杂、充满变化的现代化世界，面临的是百年未有之大变局，社会流动性因素、偶然性因素增加使大学生作出评判和选择的风险性增大。中国社会历经传统农业社会到现代工业社会、相对封闭到改革开放的社会转型，社会经济体制从单一的计划经济体制向社会主义市场经济体制转变，经济体制的转变与社会体制的变革交互在一起，在推动社会向前发展的同时，不可避免地会出现利益摩擦、体制不完善、价值取向不一致、社会公德滞后的冲突与矛盾。此外，社会化改革进程中出现了诸如社会贫富不均现象、贪污腐败现象。我们要清楚地认识到，社会不断向前发展的过程就是整个社会利益格局不断调整的过程，打破原有社会的固有利益格局，在满足公共利益的同时，整个社会分化的加速分解，社会中的不同意见和表达的声音逐渐加大，必然会引起现代公民对更高更大利益的追求。改革开放后，西方各种社会思潮大量涌进，对站在文化接收和文化冲突最前沿的学生群体的价值取向产生了极大影响，个别大学生追求西方文化中的“自我意识”“自由精神”与“绝对公平”，有时会出现心理失衡、盲目从众、偏激、冲动、价值立场失向等行为，他们在传统文化与现代社会思潮中纠结与彷徨，在感性与理性的天平中失衡与不安。这些错误性、随意性行为的存在，表明理性批判的稳定性仍须加强。

（三）价值取向的现实性与价值判断的理想化共存

从时代性看，随着现代化和社会主义市场经济的发展，当代大学生的公共精神被赋予了新的特征。在相对纯粹的校园环境和复杂的社会环境的双重影响下，大学生的公共精神呈现出价值取向的现实性和价值判断的理想化共存的特点。

社会现实条件下，大学生个性发展与价值取向的多样化，使大学生不再用统一的、被规定的价值标准衡量、评价自己和他人的行为。党的十八大以来，尤其是中国特色社会主义进入新时代，社会经济的飞速发展和西方社会思潮下的多元文化的大量涌入，使大学生的价值取向出现了价值追求个性化、物质追求满足化的特点。他们往往根据个人特点作出选择，并且在意个人情绪与自我表达，更加注重个人自身长远发展和自我价值实现的问题。新时代大学生由于受多元思想观念的影响，他们的价值评价标准由绝对严苛走向宽容。“他们习惯于根据自己的需要来设定自己的价值目标，运用多样的价值尺度来看待他人和社会，体现了价值取向上的务实性，也表现出对社会与他人更多的宽容和理解，既有利于学生自身个性化发展，也有利于求同存异与和谐社会的建设。”❶

价值取向的现实性使学生逐步承认社会现实，接受既有的法律规定、道德规范，他们在公共生活的参与活动中逐渐认清自身的主人翁地位、社会权利与义务、社会责任感。他们明白在公共事务的参与过程中，公共社会又会反过来给予个体实现社会价值和创造更大自我价值的机会。所以，他们不会一味地以感性认识对社会现实进行批判。虽说现实性不等于功利化，但现实取向进一步发展，也会有不小的局限性。大学生不能只是片面追求个人利益最大化，以个人利益为中心，凡事功利性对待。此外，生活在相对纯粹的校园环境中的大学生，对于社会现实的看法与评判比之于社会人员偏于理想化。部分大学生会把个人理想中社会与现实混淆，对于社会现实的批判有失客观、全面。甚至有部分学生对于公共事件的关注和公共事务参与，仅从自身想法出发，漠视社会现实规则，造成价值判断过于理想化。

---

❶ 教育部思想政治工作司. 大学生思想政治教育理论与实践［M］. 北京：高等教育出版社，2009：117.

第三节 当代大学生公共精神现状的归因分析

2014 年 5 月 4 日，习近平总书记在北京大学师生座谈会上的讲话中强调："青年的价值取向决定了未来整个社会的价值取向，而青年又处在价值观形成和确立的时期，抓好这一时期的价值观养成十分重要。"❶ 习近平总书记在多个场合多次提出了对青年学生的寄语与期待。生于互联网兴起的时代，成长于新媒体蓬勃发展的环境，各种综合因素影响当代大学生公共精神的生成发展。当前大学生公共精神状况及基本特点是在中国特定的社会环境及教育模式等因素的综合影响下形成的，现就其积极因素和消极因素分别进行归因分析。

一、积极影响因素分析

（一）公共领域的健康发展使大学生公共精神得以彰显

在经济全球化、政治多极化、社会信息化的时代背景中，人们的活动空间扩大，交往频次增加；机器大生产与社会分工使每一个人都成为社会化大生产的一员，打破了原有传统的"熟人关系"社会模式，个人成了"原子化"存在，人们对公共生活认知和认同方式也发生了重大改变。改革开放 40 多年来，我国取得了举世瞩目的成就，激发了公民民主、自由、平等、法治精神。大学生群体从总体上来说，其公共精神主流是积极向上的，具备较强的公共意识、社会责任感和道德良知，究其原因，是时代造就的公共领域得以逐步显现，为公共精神的形成提供了肥沃土壤与历史依据。另外，我国的政治、经济、文化的发展，网络交往的兴起与使用，极大丰富了我国的社会生活，扩展了人与人的交往空间，增强了人们的自主交往能力。相应地，高校也由"象牙塔"转变成一个"小社会"，大学生与社会之间的互动频率加大，依存关系日趋增强。他们不再是只专注于读书的"书呆子"，而是把眼光投注到公共领域中的个人行为方式及道德素养。公

❶ 习近平. 习近平谈治国理政：第 1 卷［M］. 北京：外文出版社，2018：172.

共领域的健康发展表明：不论是在小公共场所还是大庭广众之地，大学生的言行举动都有可能会影响他人，他们在进入公共领域后开始关注如何遵守共同的价值取向和行为规范，如何构建一个自洽的公共生活空间的问题。这种关注与思考，再加之实践习惯的养成，使其公共精神进一步发展。

（二）新媒体的广泛应用为公共精神的培育提供技术支撑

传统意义上，人们进行交流、学习的场所主要依靠现实生活中面对面的交往，也就是我们常说的现实物理空间。但随着数字信息化、网络技术化发展，新媒体技术以其“即时性、交互性、跨越时空性”等特点和优势，塑造了一个新型的虚拟交往公共领域。它以自身强大的实时性和移动性正在逐步冲击和替代传统公共领域。新媒体时代的到来，改变着新时代大学生的生产生活方式、思维方式和价值观念。新媒体信息资源一经传播，大学生群体便可通过手机、计算机或者其他智能终端快速浏览、及时接收信息。在新媒体急速发展的当代，高校大学生群体变成了传播主体，他们充分表达对公共事件的评论与认知，在新闻传播的方式、言论自由的表达权上，强化了自身的平等性与主体性。在一定程度上，网络公共领域的发展增加了大学生参与公共事件的频率，在无形中塑造了大学生群体的公共精神。同时，新媒体的应用发展已经深入大学生社会生活的方方面面。以往学生“两耳不闻窗外事，一心只读圣贤书”，对于信息的获取大都依靠书本、报纸和电视等传统多媒体。新媒体环境下，他们可以随时获取关于党和国家的最新方针、政策，每逢国庆日或者国家重大节日，大学生往往通过网络抒发自己的爱国情感。尤其是新冠肺炎疫情期间，人们通过新媒体获取最新防疫知识，了解当下各地疫情最新情况，为身处疫情“风暴中心”的城市提供精神支援，传播社会正能量，大学生的社会责任感通过新媒体的应用发展得以彰显，大学生的价值观念、实践与参与能力也在新媒体应用中得到增强。大学生们借助公众号、微博、抖音等新媒体，增强对社会历史的认知程度、对社会实践的热情参与，在自我实践中加深了对公共精神的深刻理解。可见，媒体形态的深刻变革，一方面改变了传统媒体的传播方式和传播格局；另一方面提高了新时代大学生参与公共事务的积极性和热情，为公共领域和公共精神的培育提供了技术支撑。

（三）大学生主体意识的增强为培育公共精神准备了重要前提

随着市场经济的确立与发展和信息时代的来临，经济领域的利益格局被深刻改变，各经济主体遵循自主性原则，在市场竞争和国家调控的双重作用下，优化资源配置，提升自我竞争力，实现利益最大化。当代大学生群体的思维观念由此发生重大转变，思想领域产生了强烈的主体共振，主体意识觉醒更加明显。从古至今，历史上任何时期的经济变革，从来不是单纯的经济运作，而是经济与思想价值的双重交错，往往伴随着新旧思想的激烈摩擦和道德伦理的重新定位。在此过程中，大学生逐渐拥有更高的社会理想追求和公共道德感，逐步形成独立思考与合理价值判断能力，对自身的利益和地位的认识更加清晰，对自我价值的实现有更加明确的认知。他们作为独立的个体，更具有自主性、自律性与自觉性。主体意识的增强，反映了人们思维的现代化转换，为培育公共精神提供了重要前提条件。一个连自身的权益和定位都分不清的人，很少会去关注公共利益，为社会谋取福利。因此，主体意识是公共精神形成的主观条件，只有自身利益表达顺畅并拥有理性思考能力，当代大学生才能将个人利益和公共利益综合平衡，作出正确选择。

二、消极影响因素分析

（一）传统文化中存在延滞公共精神形成的因素

传统家族伦理本位延迟了大学生公共精神的形成。以宗族社会结构为根基的中国社会缔造出的传统伦理是家族伦理，是一种家庭内部的秩序，一种和顺共处的精神。在中国宗法制度的长期影响下，治国与治家不可分割，治国的能力在治家中获得。在儒家思想为主流价值的社会中，“家”成为人们头脑中根深蒂固的观念。人们以血缘关系的亲疏来处理人际关系和社会事务。“君为臣纲、父为子纲、夫为妻纲”则是规范人们言行的原则。在这种原则影响下，人际关系呈现以“己”为中心，向四周扩散的特征。“在一个相当长的历史时期内，中国既没有公共生活也没有私人生活，只有家族生活，或者说家族生活就是公共生活，就是私人生活，个人是空虚幻影，家族是唯一实在，家族消融了一切。”❶ 这就使得传统社会的个体所关注的利益只有家族整体利益，而不是现代意义上的公共利益。没有真正的公共领域的早期确立，没有传统伦理的沉淀，公共精神的形成也被延滞。虽然大学生主体意识随着现代化深入不断提升，但普遍的公共关怀较为缺乏。他们更多关注家族内或“熟人圈”的私德，而忽视了社会生活中公共道德，这与公共精神的要求还相去甚远。

另外，“群体”与“个体”关系制约了独立人格精神的养成。传统社会中，国是放大的家，个体则被淹没在家族之中。“个体”与“群体”的关系制约着公共精神的养成，最为突出的是影响了独立人格精神的形成。独立人格精神是建立在个体高度发达的基础上的，强调的是自我的独立主体地位和对角色的理性认识。传统社会中多数个体对于自身角色的认知限定在“君君、臣臣、父父、子子”的框架中，造就了效忠、顺从的“臣民”心态。“个体”都被弱化，“群体”同样会受到不良影响。一些没有独立自主意识的“个体”组成的“群体”，像是一盘散沙，无明确的规则秩序可言。到历史危急时刻“个体”首先想到的是“群体”对自己的庇护，而不是去理性思考整个“群体”和社会的安危走向。这种“个体”对“群体”的过度依赖，造就了二者关系发展的不平衡，直接影响了公共精神的养成。

（二）社会环境中负面因素制约了公共精神的形成

公共精神主要面临两类负面影响和挑战。首先是来自市场经济的影响。市场经济倡导等价交换的原则，鼓励个体对合理、合法权利的追求，增强了个人的主体意识；同时也在一定程度上导致了个体过分地强调自我和个人逐渐被物化的倾向。市场经济条件下，人们把追求利益作为原始驱动力。在激烈的竞争环境下，追逐利益的动机使部分人不顾及法律、社会规范的约束，追求胜者王败者寇的潮流。“有些人把人格、良心、权力商品化、金钱化。救死扶伤加上金钱的前提条件，成了红包医疗，文学艺术也失却了

---

❶ 高兆明. 制度公正论：变革时期道德失范研究［M］. 上海：上海文艺出版社，2001：229.

往昔的审美价值，而日益沦为迎合庸俗低级欣赏趣味的文化快餐……金钱尺度一旦独断化，就会使人变成物奴隶，成为丧失灵魂的纯粹经济人。”❶大学生正处于世界观、人生观和价值观的稳定期，市场经济的负面效应波及大学生群体，影响了其公共精神的顺利生发。比如说，一些大学生在奖学金参评过程中，弄虚作假，违背公平原则，只为追求奖金和荣誉。也有一些大学生个性极度张扬，不顾及他人感受和社会公德的约束，公共意识亟待提升。

其次是网络技术的发展对大学生公共精神养成也构成了挑战。目前，互联网已经成为大学生学习、生活中不可缺少的一部分，出现了生活网络化、学习网络化、交往网络化倾向。网络扩展了大学生的视野，成为他们学习知识的新宝库、接触世界的新窗口。通过互联网大学生可以学习、聊天、娱乐，拓展与他人的交往空间。随着技术的发展，微博、微信、微视频等新媒体形态以其传播速度快、互动性好、个性化足等优势快速崛起，自媒体借助网络让各种信息得到最快速度的传播，而自媒体平台让我们每个人都可以化身为自媒体人。自媒体门槛低、内容包罗万象的特点导致出现了各种“乱象”：有以发布负面信息为要挟，敲诈勒索企业收取保护费的；有唯利是图，什么软文都敢写，什么硬广都敢接的；有为博眼球，杜撰历史，戏说英雄的；有大肆渲染明星绯闻，“黄赌毒”化身“心灵鸡汤”的……不少“负能量”冲击道德底线，也扰乱了社会秩序，阻碍了大学生公共精神的环境滋养。

另外，互联网的虚拟性使大学生混淆了现实的道德规范与虚拟的道德行为。在新媒体的背景下，受网络虚拟性、匿名化和开放性影响，人们在一定程度上摆脱了现实社会中的道德约束，匿名登录的特性虽然可以更好地保护公众隐私，在最大程度内实现言论自由，但也导致虚假信息泛滥。他们误以为自己在网络中是完全的隐身人，不用对任何人负责，可以任意发表言论，不必理会现实中的社会角色和道德规范，由此导致渐渐淡忘了自身应当承担的社会责任和应有的公共关怀。部分自媒体个人主义和利己

❶ 严励．秩序的中国解读：转型期中国社会矛盾之研究［M］．上海：上海社会科学出版社，2007：198.

主义思想膨胀，借助新媒体的形式，对奢靡物质生活大加宣扬，对休闲享乐过度推崇，造成个别青年学生被个人主义、享乐主义和拜金主义等不良腐朽思想观念侵蚀，还有一些人的婚恋观、审美观乃至道德观因此而弱化，冲击着大学生正确的世界观、人生观和价值观，继而淡化了他们的公共责任意识。

（三）传统德育工作的滞后影响了公共精神的形成

传统的德育方式较为单一，德育工作的合力尚未形成。以课堂灌输为主的高校德育，一定程度上缺乏人性关怀。这种“你说我听”“你打我通”的教育模式忽视了大学生的主体性需要。学生把政治公共课当作学分课程来学，教师把德育课当作专业知识来教。刻板理论灌输方式，要求学生接受抽象的概念和规范，很难使师生形成一致的情感体验，最终会形成一种主客体分离的德育模式。在这种模式的影响下，大学生往往只学到了道德知识，但如何在现实中践履和运用不得而知。学校、家庭与社会三位一体的同向联动也未形成，家庭更多接收来自学校的有关学生日常表现、考试成绩的通知信息，忽略了学生品德方面的教育修养。因此，德育不仅要围绕大学生思想道德的实际、考虑学生的需要、尊重学生的主体地位，还要加强道德行为训练和道德实践，以促进其思想行为的良性转变。

（四）家庭教育的窄化消解了公共精神的形成

就中国传统社会中伦理关系而言，黑格尔认为“在家庭之内，他们不是人格，因为他们在里面生活的那个团结的单位，乃是血统关系和天然义务”❶。家庭作为社会的基础单位，代表着家族血缘的联结，是公共精神养成的起点。因此，家庭教育具有天然的公共精神培育优势。但现实生活中，部分家庭教育存在一定程度上的窄化。一方面，表现为部分家庭教育优秀传统的窄化。随着家庭人口结构的变化，中国传统大家族逐渐向核心小家庭模式转变。目前在校大学生很多是独生子女，所处生活环境较为优越，

---

❶ 黑格尔. 历史哲学［M］. 王造时，译. 上海：上海书店出版社，2006：114.

从小受到父辈、祖辈的重点关注，形成了“一个中心”的家庭伦理的倒置，容易使孩子出现以自我为中心的价值偏差。加之当前仍存在应试教育的影响，部分家长坚持“唯分数论”，家庭教育内容在一定程度上忽视了公共伦理与人文关怀的输入，阻碍了公共精神的早期培育与养成。另一方面，表现在部分家庭教育方法存在窄化。现代社会的发展，为我们带来了丰富的物质生活的同时，也提出了高强度的工作要求。年轻一代的父母需要兼顾家庭和工作，其身体力行、言传身教的家庭教育方法在一定程度上被窄化削弱。部分家庭中，辅导班、早教代替了父母的陪伴，压缩了父母与孩童的共情对话，消解了父母温情教育中对他者与公共的关怀；一些父母无法抽出较多时间带孩子共同融入集体与公共生活，亲临公共精神形成的场域与空间，促进孩子公共意识的萌发。长此以往，家庭教育本身的导向作用的发挥容易受限，家庭作为公共精神教育的基础细胞单元，其功能会被逐渐弱化。在如此环境下成长起来的大学生，其理性思考能力与公共责任感的形成容易受阻。

（五）大学生自身因素的偏差影响了公共精神的形成

大学生心理素质不稳定。他们的独立人格并未完全形成，世界观、人生观和价值观仍处于成熟稳定期，其心理特征对于公共精神的形成有一定影响。生长在温室中的大学生经历高考后离开父母的呵护，面对各种价值选择和冲突，不知如何是好，加之承受挫折的能力较弱，一旦遭受失败就会使心理矛盾大大增加，很可能难以承受这种打击而自暴自弃。在面对公共事务和繁杂的社会现象时，大学生可能因经验不足产生错误判断，这就会打击其参与公共生活的信心，甚至对公共参与产生困惑。

大学生道德践履能力仍须提升。在大学生公共精神的现状调查中不难发现，其道德认知与行为出现了倒挂现象。除了教育形式上的失误，究其内部原因便是大学生自身道德践履能力较差。大学生公共精神是在自身公共参与实践和接受教育的共同作用下形成的，在这一过程中，大学生的道德践履能力起到至关重要的作用。如果大学生自身道德践行不足，其公共责任意识、公共服务精神及规则意识更难形成。只有内在认同公共精神，主动付诸行动，才会使教育和环境的影响起到良好效果。毋庸置疑，没有道德的实践能力，道德的认知与行为就会产生错位，公共精神就难存于大学生内心。

第四章　当代大学生公共精神培育的价值、目标与原则

"价值"一词在马克思看来，是出现于商品交换时"无形的幽灵"，即"无差别的人类劳动的单纯凝结"❶，在传统的经济学意义上，价值作为衡量商品价格的尺度，是商品生产者交换产品时社会联系的抽象表达。价值作为对象性的形式不能脱离社会关系而存在。从哲学意义上来看，"可以从人与对象物的关系的思想视域中理解价值现象，即价值可以指人根据自身的需要、意愿、兴趣或目的对他生活相关的对象物赋予的某种好或不好、有利或不利、可行或不可行等的特性"❷。不论从词义学还是从教育学来看，"价值"一词都包含着好的、肯定的、积极的含义，一方面可以解释为人在社会实践生活中逐渐建立的价值观念，另一方面也展现了人与人之间的某种期许和价值导向。从教育目的来看，价值是在"真"的基础上满足主体需要的过程，是"善"和"美"的体现。价值无法脱离现实生活，教育内容和方法同样具有"价值"，它要求人在教育过程中以合理的方式达到教育目的。因此，"教育价值"一词构成了教育主体与教育现象之间的一种特定向善的关系，旨在明确教育活动所要实现的价值内核，并在此基础上形成一定的理论体系。而"价值教育作为教育实践问题的出现，是与新时代科学技术的进步和人文精神的失落所形成的强烈反差有着密切的关系的"❸。

❶ 马克思恩格斯文集：第5卷［M］. 北京：人民出版社，2009：51.

❷ 夏征农，陈至立. 辞海（第六版彩图本）［M］. 上海：上海辞书出版社，2009：1058.

❸ 王坤庆. 论价值、教育价值与价值教育［J］. 华中师范大学学报（人文社会科学版），2003（4）.

价值教育越来越成为公共精神中的热点问题，我国传统的教育理念与现代化社会需求存在某种程度上的“不协调”，学界对价值教育的含义、范畴争论不一，但在一定程度上达成了共识，即价值教育变革是现代化国家面临公共教育问题时一个共同的发展趋势。我国公民素质教育改革向纵深发展，逐步探索出新的教育模式，目的是培养有理想、有道德、有文化、有纪律的“四有”公民。

公共精神是现代化发展的产物，也是社会公共生活的价值表达和公共群体意识的结晶。有学者认为，公共精神发端于社会基本道德和政治价值层面，是“以公民和社会为依归的一种价值取向，包含民主、平等、自由、秩序、公共利益和负责任等一系列最基本的价值命题”❶。公共精神的培育不但为人们的道德观念和价值取向提供了重要依据，而且也在生活实践中拓展了公共精神的研究视野。大学生群体作为社会成员的重要组成部分，因其特殊的社会地位与角色，有着公共精神培育的“必要价值”。大学生的生活和学习虽是围绕校园展开，但塑造公共精神不能仅仅是“纸上谈兵”。新时代所带来的机遇和挑战，不仅深刻改变了传统的生产生活方式，也最为直接地促使着人们精神面貌的转变。在社会多元价值冲突和利益博弈的背景下，人们不再封闭于“一亩三分地”的田园生活，公共领域的拓展和社会公共利益的实现离不开公共精神的发扬，对社会公共生活的关注以及对理性精神的追求成为当代公共精神的主要特征。公共精神的培育不论是对大学生自身还是高校、社会团体等组织都提出了要求，现代多元社会大学生道德水平存在差异，特别是处理公共利益和个人利益的关系时，大学生需要具备一定自律意识和判断能力。个体多元价值取向的现实状况要求高校要将其多元价值引导统一到社会主义核心价值观上。应发挥高校培育大学生公共精神的重要载体作用，助力大学生成长成才，从而让大学生意识到公共精神对自身健康成长的意义以及对社会文明建构的重要作用。

---

❶ 路壮志．和谐社会视野下的大学生公共精神塑造［J］．安徽工业大学学报（社会科学版），2009：26（1）．

第一节 当代大学生公共精神培育的价值

当代大学生公共精神的培育建立在社会和大学生自身对其社会角色的认知与确切把握上，也建立在大学生独立人格意识的觉醒及公民政治参与技能掌握的基础上。公共精神培育的价值不但体现在教育过程，而且也体现在教育的目的和结果上；不但为社会发展所需，而且也为大学生成长成才所用。政治社会化的进程和道德素质教育是公共精神培育的重要实践路径，反过来也意味着大学生公共精神的形成彰显了社会的良性发展。

一、当代大学生公共精神培育的社会价值

公共精神是涉及公共生活领域的庞大体系。大学生作为我国新时代发展建设的生力军，关系到国家民族的未来，培育其公共精神不但对于高素质人才队伍的建设具有积极意义，而且关系到社会的稳定和发展。当代大学生公共精神培育是完善公民素质和道德人格的重要举措，有利于当代民族精神与公共精神的交流融合，有利于引导其以向善的精神面貌投入社会进步的事业中，从而为建设社会主义现代化强国培养人才。

（一）持续推动我国现代化发展

青年学子公共精神的培育离不开社会大环境。建设富强民主文明和谐美丽的现代化强国需要青年学子凝聚强大力量，实现中华民族伟大复兴的中国梦离不开青年学子的接续奋斗。党的十九大报告中有 47 处提及“现代化”一词，全面实现现代化不仅是经济、政治的现代化，核心在于人的现代化。现代精神不是一味照搬西方，它是现代化和经济全球化的产物，可见现代精神包含着公共精神。发展社会主义市场经济需要人的参与，经济活动的有序展开，即生产、分配、交换、消费这四个环节的合理配置不能离开人的公共精神的参与配合。

自西方文艺复兴与启蒙运动以来，市民社会与国家的渐趋分离成为不同于封建时期的主要时代特征。在 1789 年法国大革命衍生出的两派别（保

守主义和自由主义）争端背景下，黑格尔呈现了国家与市民社会的矛盾，并试图在神权政治领域中找到平衡。人通过国家来成为“人”，神通过国家来使自身现实化，黑格尔在《法哲学原理》中阐释了“国家决定市民社会”及二者相互依存的关系。马克思认为这反而颠倒了市民社会与国家的关系，市民社会是人们新的交往形式取得了抽象的普遍性，是资本主义现代化国家产生的前提条件，因此资本主义就是这种抽象普遍性的历史阶段性展现。市民社会所代表的物质交往关系使得人无法离开社会而存在，无法离开物质需求与劳动交换，“黑格尔把世界头足倒置，因此，他也就能够在头脑中消灭一切界限；可是即便如此，对于坏的感性来说，对于现实的人来说，这些界限当然还是继续存在”❶。不同于资本主义市场经济，发展社会主义市场经济、建设社会主义现代化强国是结合我国国情和历史选择的结果，也是人们反思现代性问题所给出的中国智慧、中国方案。不同的生产生活方式决定了公共精神的特殊内涵，从时间和空间维度，我国公共精神既不同于传统社会的“仁爱”血缘关系，也不同于西方所谓的“自由民主”。社会主义公共精神既不是“大同社会”平均主义幻想，也不是乌托邦式的社会空想，社会主义公共精神作为社会意识，正如前文所述它来源于社会主义现代化建设，“公共精神作为道德或政治层面上的观念形态，对社会存在（或市民社会）具有巨大的反作用，它们是同源互构的关系”❷。新时代大学生成长于改革开放的社会环境中，对于个人与集体、权利与义务、责任与奉献等一系列命题有着不同的理解。人的现代化即主体意识的增强不仅表现在对生产力的追求，也表现在人的自我意识和价值观念的改变。大学生公共精神强调个人的主体意识及权利义务关系，强调面对个人与群体关系时的公益和责任意识。建设社会主义现代化强国、实现中华民族伟大复兴的中国梦需要青年学子在我国现代化进程中接续奋斗，大学生需要在社会有序运转中巩固现代化成果，因此培育大学生公共精神是我国现代化持续推进的必要举措。

---

❶ 马克思恩格斯文集：第1卷［M］．北京：人民出版社，2009：357-358.

❷ 刘鑫淼．当代中国公共精神的培育研究［M］．北京：人民出版社，2010：170.

（二）在民族精神的传承中明确了“公”与“私”的现代定位

人的现代化不是全然抛弃历史的发展过程，当代大学生公共精神的培育离不开民族精神传统伦理道德的积淀，而民族精神的现代化也需要大学生“理性”的精神品质。“人类文明演进的本质，是以有机团契性为特征的‘有我’的共同体生活价值信念的养成，是主体家国天下情怀及其相应的自觉实践行为的训练与践履。”❶ 我国公共精神的培育要以批判扬弃中华民族精神当中“公”的理念为根基，弘扬全体民众的爱国之情，在倡导“以和为贵”的现代化发展中赋予公共精神新的品质。

《礼记·礼运篇》有言：“大道之行也，天下为公，选贤与能，讲信修睦。”“公”与“私”的关系问题是从古至今的学者研究中华民族精神时所讨论的最基本的辩证关系问题。古有成语“大公无私”，所展现的不仅是一种价值选择，其实也从侧面表现了中华民族公私抉择的期许。正如前文所分析，公与私的界限往往模糊不清，同心圆式的交往关系使得古代我国民众对于“私”的理解常囿于家族之困，统治者顺势构建以血缘、“孝悌仁义”为礼教的“家天下”的统治秩序。公共领域及公共事务更多时候在涉及私人利益时才会交由家族讨论。“家族”的特性与其说是“公共”，不如说是“共有”，其实质上是内在亲缘联系性的表现。因此，“兼爱无私”“公正无私”“先天下之忧而忧，后天下之乐而乐”等先公后私、公而忘私的良好品质才会流传千年。而现代社会的“公民”更多是有着相对独立性的“公共领域”的角色展现。在广泛的社会契约下，“公”的实现不再仅寄托于“道德”，法律也以一种“普遍意志”的方式为公民划定准绳，形式理性催生出“公共思维”“公共价值”，在公共领域所建立的行为准则影响着每“个人”。“人们的品性，固皆养成于不知不觉之间；但同时亦应承认，公共观念不失为一切公德之本。所谓公共观念，即指国民之于其国，地方人之于其地方，教徒之于其教，党员之于其党。”❷ 大学生公共精神的培育离不

---

❶ 袁祖社．“公共精神”：培育当代民族精神的核心理论维度［J］．北京师范大学学报（社会科学版），2006（1）．

❷ 梁漱溟．中国文化要义［M］．上海：上海人民出版社，2011：68．

开环境的塑造，但现代社会生存竞争的压力使大学生忽视了对公共精神知识和公共参与技能的学习、训练，重视个人利益、投机于某些“规则”成为一些学生的“价值标准”，公共责任心和担当意识被虚荣的眼前利益所遮蔽。家庭、高校对大学生公共精神的教育有助于引导青年学子正确处理个人利益与国家社会利益的关系。公共精神的培育和完善，需要尊重个人意志，而个人也需要在公共领域施展才华、实现抱负。中华民族精神成长成熟于民族危难之际，凝聚人民的共同利益成为普遍的价值旨归。现代公共精神需要继承民族精神中优秀的价值品格，大学生公共精神的培育有助于民族优秀传统文化的传承，有助于提升公民素质，树立爱国报国的伟大志向。

（三）熔铸新时代信仰

1982年，邓小平提出培养“四有”新人，适应了中国特色社会主义现代化建设，回答了“社会主义究竟需要什么样的人来建设，如何培养造就这样的人”等问题。改革开放的40多年，也是为现代化建设培育高素质公民的40多年，“这个梦想，凝聚了几代中国人的夙愿，体现了中华民族和中国人民的整体利益，是每一个中华儿女的共同期盼。历史告诉我们，每个人的前途命运都与国家和民族的前途命运紧密相连”❶。我国现代公共精神的培育必须坚持马克思主义为指导，大学生要主动融入马克思主义中国化即中国特色社会主义建设的生动实践中，关注社会发展公共领域，主动参与公共事务，将个人理想与“中国梦”社会理想相结合。

推动社会生产方式的变革离不开人力资源，而人力资源与人们的素质直接相关，人才评价不能单单以技能掌握多少和创造能力高低来评判，更重要的是关注人才的人文素养和辨别是非的能力。价值评价体系影响着现代公共精神养成，大学生处在世界观、人生观和价值观的成熟时期，公共精神的培育不仅是当下社会实践的需要，也是坚定共产主义远大理想和中国特色社会主义共同理想的需要。公共精神不能简单等同于集体主义，不

---

❶ 中共中央文献研究室．习近平关于实现中华民族伟大复兴的中国梦论述摘编［M］．北京：中央文献出版社，2013：3.

能抽象地谈论社会主义、集体主义，更不能将共产主义视为存在与否的某种“事实判断”。大学生公共精神的培育是一种价值理想的展现，良好的价值评价体系在时代的影响下与贪婪和自私作斗争的同时，也起着塑造社会主义道德人格的重要作用，展现着对公平正义的价值追求。在公共领域中愈加涌现的担当意识成为大学生公共精神成熟的驱动力量，它引导人们理性思考，特别是大学生在实践活动中逐渐提升了公共素养，增强了公共情感，凝聚了“共同体”意识，而“共同体”意识也将拓展公民精神新的创生空间。高校校训是“共同体”意识的具象化表达，也是高校公共精神的凝练，可以说高校是校训精神教育、家国历史观教育等教育内容的主要传播阵地。公共精神的培育使青年学生有着更多的机会能在更大的整体中理解自身地位，不论是价值抉择还是价值目标的确立都能超越自身所属专业的局限性，更好地理解马克思主义社会解放理论。树立共产主义远大理想和坚定中国特色社会主义共同理想是在社会利益主体多元化发展态势下对大学生新时代信仰的要求，有利于丰富和建构大学生公共精神。因此，大学生公共精神的习成有利于青年学子立足我国发展，树立“人类命运共同体”意识，熔铸新时代信仰，以宽广的胸襟为人类作出更大的贡献。

二、当代大学生公共精神培育的个体价值

随着社会主义市场经济体制改革的不断深入，国家在经济领域身份的转变使社会结构发生重大变化，为现代社会发展留出空间；政治上法律体系的逐步完善、普法工作的相继展开为现代社会保驾护航，不仅是政治社会化的彰显也是民主法治建设的进步；基层管理合法性增大，各式各样社会组织的兴起为现代社会的形成提供了载体；改革开放后社会思潮的碰撞和人的主体意识的张扬，公共意识伴随着生产力的发展而觉醒。大学生成长于新时代，高等教育大众化使大学生越来越关注专业发展和未来职业走向，与此同时新媒体的发展使网络空间信息更为透明，为大学生了解讨论公共事务提供了途径。因此，大学生具备公共精神会自觉关心社会公共利益，自觉遵守共同生活的行为准则，有利于养成新时代社会公德和塑造自身品格。

(一) 提升“软实力”：塑造个体人格

马克思曾在《德意志意识形态》一文中提出，“人创造环境，同样，环境也创造人”❶。不同素质基础的人随着社会环境的变化所形成的较为稳定的个性心理特征，就是人格。“所谓塑造理想人格，就是有意识地创造人们共同景仰的人格范型，引导人们攀登崇高的道德目标。”❷ 当代公共精神教育通过一系列社会实践活动，引导人们的行为，促使人们形成自制自律、责任担当、团结协作等独立人格意识。

社会化大生产要求人们相互配合、分工合作，人们的竞争意识也在不断地增强。不当的教育评价体系和教育环境易使大学生形成急功近利的心态，考虑问题以自我为中心，甚至将学习和择业视为某种手段，缺乏公共意识。而大学生活动的主要地点是校园，公共实践活动较少，志愿活动种类单一，教育内容以理论学习为主，缺少公共知识的传播。因此，对大学生进行公共精神培育势在必行且意义重大。一方面，公共精神中蕴含的责任担当意识能帮助大学生更好地成长为社会的“主人公”，以积极主动的姿态投入社会变革。大学生对自身、他人和社会所形成的连贯性认知，要求其公共精神教育不能单单以理论教育为形式，也需要结合实践教育和自我反思教育。“理性”精神不是“一腔孤勇”，也不是人云亦云、随波逐流，独立人格意识的评判不能简单归于法律意义上的成年人，而需要在实践活动中逐渐成熟。培育公共精神能够唤醒人们的担当意识和奉献意识，调动大学生政治参与的积极性与创造性。“政治觉悟越是高，为革命学习科学文化就应该越加自觉，越加刻苦。”❸ 另一方面，公共精神能引导大学生以不同的角度思考问题，关注公共利益，形成互利共赢的价值取向，明确新时代集体主义的重要性。学习成长离不开团结协作、优势互补，对公共事务的关注不是个人“大包干”，也不是从众“看热闹”。公共关怀是一种对周围人与物的真正关切，发自内心深处对公共生活的关心。缺乏独立思考、

---

❶ 马克思恩格斯文集：第1卷［M］. 北京：人民出版社，2009：545.

❷ 黄钊，等. 中国道德文化［M］. 武汉：湖北人民出版社，2000：82.

❸ 邓小平文选：第2卷［M］. 北京：人民出版社，1994：104.

不顾是非曲直的“随大流”是不可取的。个人利益与集体利益发生矛盾时，不能只抛开集体谈个人，也不能抛开个人谈集体。“如果只讲牺牲精神，不讲物质利益，那就是唯心论。”❶ 因此，公共精神的良性发展要建立在合理的评价机制基础上，也要处理好公共利益和公共精神与个体激励的相互关系。社会和高校要利用好公共精神的转化价值，激发个体公共事务参与积极性，在提升青年学子公共技能知识的过程中，将精神动力转化为物质成果，帮助青年体会新时代公共精神的重要性，在实际生活中升华其社会公德和个人品德。

（二）增强“硬实力”：练就公共参与能力

公共精神的培育需要形成良好的教育体系和连贯性，大学生对于公共活动的参与离不开理论指导和技能锻炼。也就是说，要警惕“传导转化”失效问题。有时学生会空有一腔报国志却没有实现途径，表现为缺乏对公共事务的参与机会。因此，教育者要面临的不仅是大学生理论与实践如何结合的问题，也需要引导学生展开合理反思和批判，促使自我视野的展开，逐步建立完善的公共精神知识和公共参与技能体系。

社会实践是新时代青年学子提升综合素质的重要途径，而政治参与作为一种社会实践，在公共参与中占据重要地位。大学生作为刚成长起来的社会群体，参与社会公共事务的机会少、经验缺乏，社会认知理想化、单纯化，易受煽动，特别是接触的政治事件较少，与自身联系弱。教育实践表明，一些大学生对公共问题的认知模糊是其公共意识薄弱的主要原因。青年学生具备一定的公民基本知识、法律常识，但对权利义务关系、民主法治关系了解不够具体，缺乏一定的大局意识和理性思考的能力，如我国与其他国家关系问题、政府职能和政治体制问题、公民在政治生活中的地位问题等。而面对公共事务，公民想要履行职责、维护权利时，不但要掌握知识，也需要有基本的批判思维能力。大学生面对问题需要有深刻的理解，同时掌握问题处理的方式方法，评估问题风险，对问题有一定的分析

---

❶ 邓小平文选：第2卷［M］. 北京：人民出版社，1994：146.

能力并有原则地开展活动。在参与公共活动过程中，大学生要注重社会影响、合理合法监督，而在这些方面青年学子缺乏必要的民主实践锻炼。家庭、学校、团体、社区作为与学生接触的主要对象，要注重公共精神培育的连贯性、渐入性，引导学生不断地学习和体验。教育者与受教育者本就是双向互动的关系，在教育过程中也需要面临应然与实然的矛盾。公共参与意味着更大范围的人际交往，学生积累公共知识需要关注社会边缘群体、感悟底层生活处境。公民知识体系的构建离不开对国际政治形势的分析，结合本国国情，突破西方建构的教育模式，培养具有“人类命运共同体”意识、善于与他人合作的时代青年成为时代命题。志愿服务活动的有序开展成为公共精神的“微观培育景观”，大学生对待志愿服务活动的态度不能只是某种短暂的意识冲动的结果，需要通过公共制度的完善为志愿服务意识保驾护航。由此，大学生在充分发挥社会实践主体性作用的同时也能够将个人价值与社会价值结合起来，逐步内化为自身的信念。

（三）助推平台革新：推动高校建设和新媒体信息管理

公共精神教育者、传播者起到“中转站”的作用，需要将外在的社会发展要求转化为受教育者的公共参与技能和知识，再由技能知识转化为受教育者内在意识，从而转化为行为。而公共精神的教育者和传播者，即高校和新媒体，并不单是被动“输出”公共精神，也是公共精神培育的平台，需要根据受教育者的反馈主动更新教育方式和内容、扩大公共事务交流平台，不断研究社会要求与人格完善之间的关系，为大学生个体成长成才提供支持。

现代社会的发展意味着公共空间的扩大，个人的交往范围与公共空间也存在着互动关系。大学生在宿舍与舍友之间有着公共生活空间，在教室、图书馆与其他同学共享课堂、学习交流的公共空间，参与学生组织处理公共事务时面对公共空间。公共空间就意味着无形之中有一种共同遵守的公共规则和公共道德，其中就蕴含着公共精神，公共精神是公共规则和公共道德升华的产物。高校作为教书育人的平台，教师具备过硬专业教学能力的同时，也要关注大学生的思想动态，不能培养“精致的利己主义者”，空谈道德往往会适得其反。越来越多的大学生关注到公共事务，高校需要合理引导大学生的积极性，为学生公共精神知识的学习和公共参与技能的锻炼提供教育实践途径。随着互联网的发展，自媒体的发展犹如雨后春笋，各式各样的价值观在这样的平台上都有扩大散播的可能。公共事务的出现已然不只有现实这种固定场所，网络成为新兴的“阵地”。但网络空间并不是“法外之地”，随着网络技术的发展和人们对于网络公共平台的反馈，网络空间有了较好的改善。这提醒大学生有责任和义务营造和谐的网络环境，维护网络公共安全。不论是高校还是网络空间，抑或二者的结合，都需要注意的是公共精神的培育要把握实效性，激发学生情感，引导学生体会我国公共精神的特殊之处与重要价值，比如公共精神在高校的培育能为即将步入社会的大学生提供理解问题的途径。在培育过程中，沟通交流作为高校了解学生公共事务处理意向的重要方式也起到了积极作用，依托社团、辩论会等校园文化载体以及网络媒体畅通渠道和反馈机制，改变了传统的“管治”局面，从而推动学生参与公共事务积极性，逐渐树立起“主人翁”意识，促使学生调节自身行为，形成良好的精神面貌。

第二节 当代大学生公共精神培育的目标

目标，是对象化的具象名词。日常生活中我们时常用“目标”来表达打击或达到的对象。《现代汉语大词典》对“目标”一词给出了四种含义，其中一种认为，目标是指“通过斗争和忍受艰难困苦才能取得的东西（奋斗目标）”或者是“要获得的一个战略地位，或要达到一个目的……”❶“目标”与“目的”乍一看是一样的，生活中人们方便起见也不会去做过多的区分，后者是指“人在行动之前根据需要在观念上为自己设计的要达到的目标或结果……人的自觉能动性的表现……它的产生和实践都必须以客观世界为前提，同时还受一定历史条件的制约”❷。但前者相较于后者更为

❶ 王同亿. 现代汉语大词典［M］. 海口：海南出版社，1992：938.

❷ 夏征农，陈至立. 辞海（第六版彩图本）［M］. 上海：上海辞书出版社，2009：1618.

具体，大到一个国家的发展战略目标，小到孩子们的学习目标。目标是对活动预期成果的主观看法，目标的设立和实施意味着活动的核心已然确立，是活动方向性、现实性、实践性、主观性的结合体。目标可以量化，也可以代表着满意程度，同时目标也意味着整体性的展现。以色列物理学家、企业管理顾问艾利·高德拉特在其著作《目标》中认为，约束理论可以找出妨碍实现系统目标的约束条件，强调将企业视为一个系统，从整体效益出发来考虑和处理问题。从教育学上来看，目标主要是对教学进行评估的依据。1985年，布卢姆的教育目标分类理论（六类）引入我国，经过多年的教育教学实践，教育目标理论在我国经历了由含糊到清晰、从宏观到微观的过程。教育目标的分类以能力为基础，具有行为化和系统化的特点，每一环节都是后一环节的铺垫，环环相扣。因此，有人也实施“目标教学”，其“是指对教学进行微观质量管理的教学方案，它明确地把学生学习目标达到程度，作为评价教学优劣的标准，它是与‘掌握学习策略’紧密关联的教学模型”❶。但并非所有的教学内容都与前面构成递进关系，布卢姆的教育目标理论并不是如其所说认知先后的层次理论，其实是以能力基准衡量人的学习水平，并未考虑知识和实践的转化问题。随着我国教育改革的广泛开展，核心素养的培养逐渐成为教育教学的主要内容。

当代我国公共精神培育作为一种社会活动，是教育者根据社会发展趋势，结合受教育者精神世界需求而对受教育者公共意识提升的教育举措。公共精神培育目标是一个体系，旨在促进人的全面发展和社会历史进步。“人的自由而全面发展，是马克思主义所揭示的理想人格，是社会主义特别是未来社会教育的理想目标。”❷ 公共精神培育的目标为公共精神教育活动指明方向，对社会活动有效开展具有重要意义，激励教育者、受教育者开展形式多样、内容丰富的教育活动，也为其衡量公共精神培育成效提供依据。我国形成的教育特色习惯将核心素养分别从认知、情感、行为这三个

---

❶ 王汉松．布卢姆认知领域教育目标分类理论评析［J］．南京师大学报（社会科学版），2000（3）．

❷ 杨鑫辉．现代大教育观——中外名家教育思想研究［M］．南昌：江西教育出版社，1990：34．

方面加以分析，因此本节主要围绕当代大学生公共精神教育的认知目标、情感目标、行为目标展开分析，从而有效把握公共精神教育的着力点，推进公共精神培育工作的有序发展。公共精神作为一种社会意识，大学生对公共事件的认知是其情感的来源，而以共情为导向，是公共行为活动的感性基础。因此，共情从公共事件的认知而来，反过来促进认知的深入；公共行为是共情“冲动”的产物，反过来又促进情感和认知的深入。三者相互渗透、相互作用，构成大学生公共精神培育的目标体系。

一、公共精神的认知目标

一是培育大学生主体意识。个体公共行为的潜能需要在公共精神的培育中激发，各式各样的潜能是人的全面发展的重要体现，而主体意识的产生在现代化转型的今天尤为可贵。大学生作为未来社会建设的主要力量，要充分发挥他们的积极性。在公共精神的培育过程中，教育者要创新教育形式，激发大学生主体意识。家庭是人们成长的摇篮，“摇篮”既是温馨的所在，也是自我意识的萌发，家长们对待公共事务的态度会潜移默化影响到大学生。很多孩子可能是家庭的“中心”，但并不代表其具有完备的主体意识和公共服务意识；很多家长苦恼于青春期的孩子“不听话”，但并不代表孩子主体意识的觉醒就是“叛逆”。大学生主体意识伴随着独立人格的发展而产生，“离开精神存在的个人性谈精神，极容易走向精神虚无和精神万能的泥淖”[1]，家长要营造良好的家庭氛围帮助孩子建立起对世界、对公共活动的初步认知。在市场经济活动中，主体意识突出展现在对权利和义务的关系问题上，追求公平与自由，大学生面对侵犯自身权益的行为往往缺少相关知识而成为“弱势群体”。在公共精神培育过程中主体意识的激发会使青年学子主动学习相关公共精神知识，发挥主观能动性和创造性，学会以自身的主体性力量维护权益、承担责任，培养自尊、自爱、自强、自立的个性品格，坦然面对挫折。一段时间，“躺平”与“内卷”成为流传于青年人之间的网络热词，笔者认为，“躺平”是青年人某种主体意识的“无

[1] 王坤庆. 精神与教育——一种教育哲学视角的当代教育反思与建构［M］. 武汉：华中师范大学出版社，2009：94.

奈”缺位，青年人可能对社会问题有一定的关注，但同时有一种“无力感”，本质上是青年学子对社会预期与现实落差之间的矛盾。无论选择什么样的生活方式，大学生立足于社会，面对社会热点问题要有反思，如“躺平”是在什么语境下被提出的，或者“躺平”一词是否能简单归于贬义词。主体意识是个体的精神毅力的展现，意味着处事原则的成熟。生产关系和交往关系日益复杂化，社会需要关注群体主体意识特点，以便他们在公共事务的处理中提高效率，营造良好社会氛围；而个体的主体意识重要的是保持自省自律的态度，参与公共空间实践活动，敢于改变自己，影响他人。

二是助推社会规范化价值取向。大学生要明确公共精神教育可以有效规范社会秩序，公共精神作为一种社会文化，对提升人们素养、推动国家发展具有重要作用。公共精神培育可以助推社会规范化价值取向，鼓励、引导学生在公共生活中践行应有的规则、准则。人类社会的发展需要物质财富的丰足，也需要精神世界的充实。“文化自信是一个国家、一个民族发展中更基本、更深沉、更持久的力量。”❶公共精神的培育作为当代我国文化发展的主要内容，其目标就在于发挥公共精神教育的功能。公共精神的教育活动对内可以为中国特色社会主义文化建设贡献力量，对外可以提升我国文化影响力、竞争力；大学生接受良好的公共精神教育是增强自身精神力量、丰富自身精神世界的重要途径。公共精神与民族精神、民族文化并不是相互排斥的，如上所述，我国公共精神虽伴随现代化发展需要而来，但其扎根于中华优秀传统文化的思想精华和道德精髓，形成了我国独具特色的公共精神内涵和培养体系。公共精神的培育需要符合社会公德和我国的文化氛围，公共精神由人创造，它是公共空间秩序的展现，反映着现阶段人们较为稳定的文化价值取向。公共精神所透露的价值取向具有塑造、规范的作用，人们在处理事务时会不自觉地受到公共精神的影响，进行价值选择。面对公共精神遭到践踏时，大学生有自觉维护公共规则的义务，践行公共精神需要从自身做起，用学习到的理论知识维护自身和他人的权

❶ 习近平. 决胜全面建成小康社会 夺取新时代中国特色社会主义伟大胜利——在中国共产党第十九次全国代表大会上的报告［M］. 北京：人民出版社，2017：23.

益，积极投入社会实践活动中，锻炼公共参与技能，为营造良好的文化环境贡献力量。

三是正确理解社会全面进步与个人全面发展之间的关系问题。公共精神的培育关注人的公共意识，其实质在于“人对社会的理解问题”和“社会对人的要求问题”之间的辩证互动。公共精神的培育旨在处理个人成长与社会进步的关系问题，即人的全面发展与社会全面进步并不是相互矛盾的，而是互为依存、相互促进、互为目标的关系。一方面，大学生公共精神的培育要明确自身的全面发展依赖于社会的发展。“因此我们首先应当确定一切人类生存的第一个前提，也就是一切历史的第一个前提，这个前提是：人们为了能够‘创造历史’，必须能够生活。”❶ 劳动创造历史，人的生产生活是社会化的活动，只有以一定的生活交往秩序才能进行生产，人们在以往社会的基础上开展交往并逐渐形成新的生产生活方式，社会关系的良性运转意味着人们交往能力、生活能力得到更高层次的发展。公共精神的发展在新的时代有着新的特色，但这并不意味着人可以脱离社会历史这个根本前提去讨论公共精神，丰富公共精神内涵是人们在原有现实基础上发展而来的。大学生需要明确自身社会历史主体性地位，人的本质力量的展现需要积极面对社会提供的平台机会，在加深公共精神认知的同时发展自身自由个性。另一方面，大学生公共精神的培育也要认识到公共事务或社会发展也要以学生的全面发展为归宿。“代替那存在着阶级和阶级对立的资产阶级旧社会的，将是这样一个联合体，在那里，每个人的自由发展是一切人的自由发展的条件。”❷ 实践活动的个体汇聚成群体，社会结构和国家是人们选择的结果，社会进步离不开人的支持，公共精神培育的良好效果离不开社会发展的关怀，全面建成小康社会“一个也不能掉队”；“创新、协调、绿色、开放、共享”的发展理念以“共享”为结尾；党的十九大报告中对我国社会矛盾的关注等，不论教育者还是受教育者都要明确育人之本在于社会理想与个人理想的统一并存，我们可以看出社会进步的最终价值需要归于人的幸福。因此，社会进步和人的发展是相辅相成、逐步

---

❶ 马克思恩格斯文集：第1卷［M］. 北京：人民出版社，2009：531.

❷ 马克思恩格斯文集：第2卷［M］. 北京：人民出版社，2009：53.

提高的过程，这样的辩证统一体蕴含着公共教育的价值本真和实践路径。公共精神的培育要有序引导公共文化的传播，在扩展公共空间的过程中为青年学子的发展打造平台；公共精神的培育也要着眼于青年学子的发展和幸福，更好地为社会提供人才资源和精神力量。

二、参与公共事务的情感目标

一是引导大学生在社会公共事务处理中体会爱国主义的核心含义，体会奉献服务意识。教育者与受教育者共同营造处理公共事务氛围，使得双方都从内心产生集体归属感、荣誉感。大学生情感丰富，求知欲较强。不论是现实世界还是网络环境，大学生们处在信息爆炸的时代，接受信息的渠道广，这就十分考验他们的信息筛选能力。同时，社会参与成本降低，大学生在虚拟网络环境活跃度高，网络公共空间的敞开激发了他们的参与热情。我们应看到，大学生们公共参与与交往环境也有一定关系，他们对社会公共事务的处理与看法受到朋辈影响较多，社会参与活动所体现的“工具理性”应对更为复杂的网络环境稍显稚嫩。“缺少了理智能力作为基础，这种广泛的社会参与在某种意义上就导致了公共精神的滥用，带来了公共理性精神被工具理性绑架的现实问题。”[1] 适度的情绪情感能够为人们的公共行为提供感性基础，但大学生需要合理控制自己的情绪，因情绪或片面的信息而作出不理智举动其实对社会而言并不是积极的公共情感。当代大学生公共精神的培育有着适当的情绪情感不为过，这本就体现了我国公共精神的最深沉的感情基底，即爱国，但不代表不理智的言论和行为就是对的。青年大学生的公共精神是理性思维能力和共情能力的综合展现，要引导学生理智看待公共事件，在志愿服务中体会奉献牺牲与个人价值实现的关系问题。公共精神的培育要关注人的心理，为大学生打造精神愉悦的园地，有利于引导大学生理性辨别社会思潮，提升自身素养，团结协作，共同营造良好的社会氛围。共情或“善”的感念要以事实为依据，以理性判断和思考为内容，这样才可以正确看待公共事件，促进社会和谐发展。

---

[1] 黄礼峰，王宁宁．模范公民视野下大学生公共理性精神培育［J］．当代青年研究，2015（1）．

二是促使大学生主动发挥主人翁的责任担当意识，促进公共精神的发挥与个人理想的结合。依孟子来看，人与生俱来的品质就有“四心”，即“恻隐之心、羞恶之心、辞让之心和是非之心”。梁启超曾在《论公德》中认为：“我国民所最缺者，公德其一端也。”道德在现代的“重组”，意味着公民良好道德品性的习成面临更多的不确定性，需要与公共参与实践一道在社会生活中逐渐体悟。现代道德品性有着规范社会意识和行为的普遍道德标准，也有民主自由等道德原则。但我国不论是传统道德还是现代品性都离不开一个关键词，即“担当”。现代社会中大学生需要凝结社会责任价值认同以实现责任担当，自觉学习公共文化，坚定以中华民族复兴为己任的历史使命意识。为进一步推进公共精神中责任担当意识发挥效用，不仅要鼓励大学生积极参与志愿活动、校园服务等公共行为，肯定其承担社会责任的价值，还可以尝试构建利益补偿机制。另外，社会需要完善利益侵害惩戒机制，以制度化为社会责任担当意识营造良好氛围。大学生主动处理公共事务体现了公共与个体的互融，是对社会责任的主动担当。因此，公共活动的评价体系十分重要，面对公共利益与个人利益的矛盾时，评价体系的灵活预设可能会对大学生产生良性影响。他律转化到自律，外在约束到内在修为，社会责任所体现的公共精神可以根据身份不同、能力大小、过错与否、受益与否等有着不同的影响力。社会责任受到多个维度制约，但总而言之，敢于担负责任是一个良好社会公共心态，社会需要为大学生搭建公共实践活动途径，确定社会责任担当原则，有利于在公共活动中实现社会理想与个人理想的结合。

三是加强凝聚力以增进大学生政治认同。“人们在一定社会中生活，总要在一定的社会联系中确定自己的身份，如把自己看作某一政党的党员、某一阶级的成员、某一政治过程的参与者或某一政治信念的追求者等等，并自觉地以组织及过程的规范来规范自己的政治行为。这种现象就是政治认同。”❶ 政治认同作为公共参与的主要内容，其构建成功与否关系到公共精神的良续发展。社会全面发展意味着对社会高度的认同感，意味着人们

❶ 中国大百科全书总编辑委员会《政治学》编辑委员会，中国大百科全书出版社编辑部. 中国大百科全书·政治学［M］. 北京：中国大百科全书出版社，1992：501.

的政治观念、价值目标及自觉一致的政治行动会体现所要实现的政治理想，增强社会凝聚力。大学生公共精神的培育目标就是要通过实践教育活动将社会所要求的价值体系及人们在实践中形成的价值理念，以系统化、理论化方式培育大学生理性思考，使其明确社会政治体系高效运作离不开公共参与，从而推动社会发展进步。教育者在教育活动中运用生动典型的人物事例，有利于发挥榜样的激励作用。“我热烈的迫切要求申请入党，决心将自己的命运和党的命运联结在一起，党指向哪里就奔向哪里。”这摘录自中国科学院院士王家楫 1960 年的《入党志愿书》。人的兴趣喜好千奇百怪，人生抱负也各有不同，但社会存在的政治价值并不是人生来就可以接受的。公共精神的培育离不开政治教育，政治教育是对受教育者施以社会政治思想和政治规范，帮助受教育者树立正确的政治方向，形成明晰的政治态度和政治信念。同时，政治教育也包含了民主法制教育，公共精神的彰显离不开民主法律的贯彻实施。因此，公共精神的政治认同目标在于引导学生主动学习公共参与知识，锻炼公共服务技能，主动了解党和国家的政策，提升自身政治认知和社会认知能力，树立正确的政治价值观，以理想初心回应国家发展建设，树立为人民服务的态度，自觉践行社会主义核心价值观。大学生应发挥自己的力量，以正确合理的方式表达政治理想，自觉理性参与政治活动，在活动中感受公共精神的积极影响。

三、理性的公共行为目标

一是引导大学生正确看待道德与利益的关系，主动参与志愿服务活动，从而具备公共精神要求的基本素质，养成理性的公共行为。正如经济与文化相互作用的关系，利益与道德作为从古至今社会矛盾的核心关系问题不能离开所处环境及群体进行分析。“利益”一词不仅包含人的物质需要利益，也包含人的政治文化利益。随着社会发展，人们不再满足于物质利益，个人发展进步展现出多样态的利益渴求。利益与道德关系不是无法调和的矛盾，它们都是社会生活中人际关系最直接的展现。“公共精神作为人性天然和必然的统一，要求在肯定人性、倡导人性发展的新时代，要积极培育人的公共品质，弘扬人的公共精神，培育和壮大公共精神契合于人性发展的方向。”❶ 人具有自私的属性，但也有利他的品质。面对摔倒的老人、走失的儿童、溺水的女子，情感的冲击往往更为直接地促使人们为他人利益采取行动。实践是具体的，正是实践所构成的交往才给人们提供了公共精神产生的契机。美国实用主义者杜威主张“从做中学”，使教育与社会有了更为密切的联络。彼得·麦克菲尔认为，道德与教育的契合点在于对人性中善的追求，即学生习得与他人友善相处是教育的原动力，因而道德教育对社会行为的推广是学生如何习得社会交往能力，以影响公共行为决策。现代社会的成熟表现在完备的志愿服务评价体系，其连贯性的志愿服务教育为其公共理性精神养成提供丰厚空间。因此，培育大学生公共精神要有广阔的视野，将志愿服务精神纳入培育内容。实践不是单向度的支配，其作为马克思主义中革命性的观点、科学性的来源，是个人与社会关系存在的基础，也是主客之间的良性互动过程。通过参与公共生活，大学生有意识地建立起竞争与合作、开放与包容等优秀品质，逐渐具有独立人格品性，在利他的过程中逐渐关心社会公共利益，在公共空间中逐渐提升人格境界，以主体的社会角色身份明确宏观主题，如个人与集体、民族历史与社会未来。因此，学生不能只在“书斋”里，“两耳不闻窗外事”会在无意识中缩小自身活动范围，理论得不到实践支撑只能沦为“无源之水”。在合理看待道德利益基础上，培育公共精神需要回到社会实践，充分理解公共精神与志愿精神的“同源同构性”。教育者要倡导大学生主动参与志愿服务活动，不论是社区基层的办事员还是支农、支教、支医的职业选择，只有“知行合一”才能彰显真正的社会公共关怀，在奉献过程中体会自身社会价值，锤炼公共理性精神，在弘扬中国梦的生动实践中实现个人理想。

二是促使大学生主动学习公共精神，在公共理性精神的指导下拓宽社会公共空间，促进社会和谐。实践是认知的来源，是检验认识真理性的唯一标准，强化个体体验有利于大学生公共精神的内化。教育方式的多样化使大学生对于传统的“灌输”往往有着逆反心理。近几年来，高校思政课比赛成为高校教学评比的重要赛事，同时网络技术的应用普及，帮助教育

---

❶ 唐彬．论当代大学生公共精神培育［J］．教育探索，2015（12）．

者以视频方式扩大教育影响，这些举措客观上促使高校思政课传播内容的革新。特别是公共精神有机融入思政理论课程之中成为理论教育的主要内容，使得公共精神的理论体系更为系统化、整体化。在教育过程中，教育者需要有意识地搜集相关案例，设置更为生动的情景，引导学生加入讨论分享的过程中，在增强授课效果的同时，以课外调研为实践载体，帮助学生在互动的环境中感悟公共精神，主动了解公共精神。依托课程教育帮助大学生理解公共精神的科学性，从而形成公共理性精神以更好地参与到社会公益活动中去。社会公共空间的拓宽离不开公共理性精神的发展，社会治理建构离不开法律体系的完善，这标志着我国现代化发展亟须依法治国的全面推进，以社会尊重法律、遵守法律、维护法律为基本要求。高校是大学生最基本的生活共同体，是学生在其年龄段有更多机会接触公共事务的场所，公共精神在高校的公共领域生活中体现着一定的精神品质，即平等自由、尊重法律、公正民主等。公共精神是人的全面发展所要求的精神特质，也是社会政治文明发展的基本要素。结合高校特点，高校作为共同体，其民主法治生活应以决策、监督、治理三方面为主。因而，高校公共精神评价体系离不开民主法治要素，这就要求社会组织，特别是带有公益性质组织内部管理活动的公开、财务的透明，以发挥社会监督和治理的良好作用。这些社会组织公信力建设举措表面上看是提升社会组织在公众心目中的形象，实际上有利于向公共治理参与者即大学生群体展现组织文化，引导其理智参与公共活动，从而发扬公共精神。新时代大学生作为社会主义和谐社会重要的群体，其公共理性精神的发展对和谐社会有积极影响，他们在公共生活中主动关心公共事务，展现信任与协商的理性行为能力，推动社会素质素养的提升。同时，大学生会主动关注人与自然的关系，不论是环境保护的志愿活动还是城市建设的意向征集，客观上他们用行动践行保护生态环境的理念，使人与自然和谐相处。

第三节　当代大学生公共精神培育的原则

中国在致力于构建现代社会主义和谐社会的发展过程中，从来都是坚持以人为本的发展原则，始终坚持中国共产党的领导，坚持德治与法治相结合的原则，坚持用社会主义核心价值观引领现代公共精神的培育。社会发展的最终目的就是作为公共社会中生活的公民拥有公平、法治、自由和民主等精神，这些目标实现的前提条件是公民对社会共识的充分重塑。社会共识作为一种认知层面的结构性要素，主要包括现代公民对社会利益公平性的分配结构是否认可、对社会经济发展模式的认知及对社会主义核心价值观的认同等。

一、政治性原则：坚持党的领导和以人民为中心的发展思想

公共精神作为西方社会传入我国的“舶来品”，其“生根发芽”是我国民间社团、各类社会团体不断成长壮大的需要，要实现“中国化”“本土化”，不仅要坚持社会主义市场经济体制为其发展提供经济基础，也需要在发展壮大中始终坚持党的领导，以人的全面发展和社会全面进步为旨归，坚持以人民为中心的政治立场。

我国公共精神培育的目标与思想政治教育的根本目标有一定内在一致性：培养适应现代化建设的合格公民是思想政治教育致力于实现的育人目标；大学生公共精神的培育是致力于在现代化发展的今天，社会成员以独立人格的主体性意识主动参与公共活动所形成的精神特质。因而，公共精神的培育是我国思想政治教育的新视野，符合现代化发展要求。思想政治教育为公共精神培育奠定了良好的教育基础，帮助大学生在政治认同的基础上理解公共理性精神对我国现代化发展的意义。客观上，高校思想政治教育对公共理性精神的持续推进，有助于促成大学生公共意识的政治理性愈发成熟。传统思想政治教育“自上而下”从国家层面提出公共精神教育内容，受教育者往往被动地了解国家公共生活，接受到的公共精神知识逐渐脱离其实际生活造成“形而上”，因此他们真正遇到国家公共生活实践时往往不知所措。我国现代社会发展而来的公共精神以社会主义核心价值观为基本价值取向，强调公共责任，注重权利与义务的统一感知，倡导青年学子在社会政治生活中形成连续性公共政治生活原则、价值和态度。同时，公共精神的培育内容无形中扩充了传统高校思想政治教育的范围，帮助大

学生合理看待公共利益与个人利益，在公共生活的实践中将其内化于心，有利于大学生形成良好精神品质。思想政治教育的根本原则和公共精神培育的根本原则具有内在一致性，即在于始终坚持党的领导和以人民为中心的发展思想。

公共精神的培育要坚持党的领导，原因体现在党的性质，即中国工人阶级的先锋队，中国共产党是中国各族人民利益的忠实代表，是中国社会主义事业的领导核心。作为先进生产力的代表，党的前进方向意味着先进生产力的发展方向。社会存在决定社会意识，公共精神的现代化其实是我国生产力发展的产物，是生产力发展阶段所要求的精神动力。同时社会意识对社会存在具有反作用，“思想和政治又是统帅，是灵魂。只要我们的思想工作和政治工作稍为一放松，经济工作和技术工作就一定会走到邪路上去”❶。公共精神构建如果不能为党和国家的建设服务，就会缺少其生存发展的源泉而走向枯竭。党的领导不仅体现其对公共精神的重要政治导向上，也表现在公共精神培育的过程中，党的群众观点和群众路线是公共精神培育的基本路径、根本要求和价值指南。党的群众观点体现了党的宗旨是为人民服务，这启示公共精神培育的价值指南要以群众福祉为落脚点，公共活动的开展不仅要使活动对象满意，也要让实践者自身感受到其社会价值的实现。党的群众路线为公共精神培育提供了基本路径，体现了党和人民的血肉联系，这启示公共精神实践的根本要求在于一切要从人民的利益出发。一方面，公共精神的培育要坚持党的优良传统，即一切从实际出发。开展公共精神教育时，借助思想政治教育分析调研大学生思想状况和特点，开展针对性教育活动。引导学生进行社会公共参与时要从现实情况出发，理性分析，维护党的领导，特别是学生党员不仅要有公共精神之知，还要在公共活动中起到模范标杆作用。大学生群体要在社会实践中提升自身的思想认识和思想觉悟，体会中国共产党百年奋斗历程的不易，在爱党爱国的情感感召下投入社会公共实践，产生对社会的普遍关怀。另一方面，公共精神培育也需要发扬求真务实的精神，把学生的思想意见集中起来，倾

---

❶ 毛泽东文集：第 7 卷 [M]. 北京：人民出版社，1999：351.

听学生对于公共活动的声音，以此形成公共精神培育的重要抓手。以公共精神契合社会主义发展为突破，引导学生正确认识个人利益与集体利益关系，用求真务实的精神提高公共精神培育实效。

公共精神的培育要坚持以人民为中心的发展思想。习近平总书记曾言："我们讲宗旨，讲了很多话，但说到底还是为人民服务这句话。我们党就是为人民服务的。"[1] 马克思主义唯物史观认为人民群众是历史的创造者，新时代坚持以人民为中心的发展思想是群众史观的展现，它的发展有助于教育者和受教育者形成自身的价值观。不同于西方议会制的民主，我国人民当家作主政治地位的阐释离不开我国根本政治制度对其提供的保障，人民代表大会产生我国行政、监察、审判、检察机关，权力关系使人民群众占主体地位，人民的整体利益得以充分保障。大学生公共精神的培育需要从为人民服务这一基本的实践要求出发，理解社会主义的优越性，坚持以人民为中心的利益导向。"为谁服务"及"为哪个阶级服务"是关系大学生价值体系的关键问题。教育与生产劳动相结合是我国大学生为群众服务的重要途径，也是社会主义建设过程中的宝贵经验。集体主义与公共精神的有机结合是新时代社会主义核心价值体系需要讨论的命题，二者都蕴含着极强的社会责任感，大学生村官的涌现就是该命题的生动体现，"到祖国最需要的地方去""到基层去"，知识青年用自己的青春和热血助力地方发展，"为人民服务"与公共精神的践行在新时代有了全新样态。

二、方法论原则：德治与法治相结合

有人认为，公共精神是传统和现代交流碰撞的产物，古代封建社会注重以德治国，以人情为核心的宗法封建社会看重"品行端正""家风和睦"；西方社会自近代以来崇尚以法治国，强调"程序正义""疑罪从无"。贾英健则认为，相较于西方舶来品的影响，自古我国就有德治与法治的辩证关系。"在中华优秀传统政德文化中，'礼法合治'作为治理国家的手段，为历代统治者所推崇……不仅为新时代的'德法共治'提供了重要的思想文化

[1] 习近平. 做焦裕禄式的县委书记［M］. 北京：中央文献出版社，2015：24.

资源，而且也推动从‘礼法合治’向‘德法共治’思想的历史性超越。”❶ 自孔子开始，“克己复礼”成为其治国理民的主要原则。荀子在春秋战国末期提出“明德慎罚”，强调礼法并重、“隆礼重法”。汉代董仲舒将儒家思想与社会“大一统”需要结合，他吸取阴阳家、法家等学派思想，创建以“儒学”为核心的思想体系，社会公共精神表现为社会遵循“德主刑辅”“三纲五常”“天人感应”等政治秩序。自此，礼法融合就成为封建社会的主要标志，不论是战火连绵的三国两晋南北朝，还是吸取隋朝灭亡教训后繁荣强盛的唐朝都将儒学引入律法治国之中，主张礼法并用，《唐律疏议》成为礼法合治成熟时期的主要标志。之后在佛学道教的影响下，儒学地位受到挑战。宋代朱熹建立理学，提出“德礼政刑，相为始终”❷。明朝沿用朱熹理学思想，认为乱世需重典，将朱熹“严本宽济”发展至“明刑弼教”。清朝继续推行儒家伦理的教化作用，同时以“文字狱”等严厉刑罚保证纲常礼教在社会的正常运转。发展到近代，尽管受到外来文化的冲击，但“礼法合治”仍旧是我国传统社会国家治理的主要特征，其适应小农经济这样以土地谋生的、相对稳定的经济结构，有利于维护统治阶级的稳定。家族长幼有序、社会士农工商等级森严，形成我国传统特有的“家国一体”政治秩序和道德规约。经历几千年的发展，自然经济为主的经济体制使我国传统社会满足于自给自足的状态，“礼法合治”成为统治者维护统治秩序的手段，“为政以德”“以德为先”一定程度上缓解了官民矛盾，但“公”作为“私”的延伸，“公权力”容易变为官员“私权力”，权力缺乏有效的制约和监督。“官本位”思想与科举制相结合，为统治阶级提供治世人才，“修身齐家治国平天下”成为人们的处世理想，因此民众对“修身为本”“身体力行”的圣贤君子十分崇拜，官德孝治成为道德体系的核心内容。

“礼法合治”实质上确立了统治的秩序等级，论证了君主至高无上的权力合法性，君权神权交融在一起，君主按照天帝旨意对国家进行统治，以此捍卫着皇帝权力的神圣性。“礼法合治”是政治认同，即民众内化于心、

❶ 贾英健. 唯物史观视域中的“礼法合治”及其现代转换——兼论新时代“德法共治”思想的历史性超越［J］. 山东社会科学，2021（4）.

❷ 朱熹. 四书章句集注［M］. 北京：中华书局，1983：54.

外化于行的思想归属。礼是遵循天道循环的凝练表达，违背礼法就要受到天意的惩罚，而遵守礼法是以行为规范为准绳，对民众的道德养成具有引领作用。“礼法合治”是社会各阶层的契合点，它的出现形成了一个相对稳定的统治格局，各阶级不能任意改变自己在等级秩序中的地位，由上而下的信息传导和命令输送使得民众很少有反抗的意识，这样也为秩序巩固提供了有利的舆论氛围。因此，我们可以说传统封建社会是“人治”逐渐发展成熟的过程。“人治”强调人的道德自觉，道德上的看重使君德、臣德、民德各有不同，三者以君德为核心。但有时道德如果缺少内省只能停留在“律他”层面，成为约束他人、放任自己的“工具”，君主和臣子的权力并未在法律上有所约束，那么道德只能沦为个人的选择，内心信念可能就此受到腐蚀。

“礼法合治”看似德与法并重，但其实二者只在各自的领域内发挥作用，并未有机融合，特别是对权力没有起到实质上的监督约束作用。由此，我们从古代传统“礼法合治”透视现代。首先，新时代中国特色社会主义法治国家建设要以道德和法律的共融共治为原则，发挥公共精神在现代化公德建设中的重要作用。现代社会要求法治的核心是公共理性，要发挥好法治的规范制约作用离不开道德理念在法律当中的体现，法律法规的“人情味”在于合乎传统的道德观念；同时，要着重从人们所普遍信服的道德规范中凝练法律，法律法规不仅是白纸黑字的社会公共条例，也需要体现更多的公共关怀。道德教化与法律强制同时在场才能使公共精神以更好的效用影响人们的生活。公共精神作为现代化产物，从西方发展而来，在我国生根，其突出特点在于公共精神的发展能促使我国传统的“公德不彰”在现代化中产生变革，也能汲取优秀传统文化“民本”思想的合理内核。现代“德法共治”的提出，意味着我国民众越来越重视公共领域的突出问题，意味着国家民生政治的建设深入人心。解决思想问题与解决实际需要协调一致，不论是就业、医疗、住房还是其他社会活动，需要建立完善的群众诉求和利益表达机制，“德法共治”需要依托民生政治制度、依托公共领域的信息互通，这也在客观上为我国公共理性精神的发展保驾护航。其次，新时代“德法共治”的健康发展强调公共理性精神的监督。“德法共治”是我国建设社会主义法治国家的核心内容和方法论，要求公权力的行使既要契合道德，也要遵守法律。公共精神的培育有利于引导民众学习法律，掌握基本法律常识，提升自身法律素养，同时也要求公权力的行使者审慎用权，执政为民、敬畏法律、为政以德。社会需要建立逐渐完善的制度体系和法律体系，既帮助为官者在公共事务的处理中有章可循，在践行公共理性精神的过程中提升自己，也要在公共理性精神的影响下有计划、有组织学习法律，公正执法，权为民所用。正是因为“德治”无法被“量化”，因而“以德配位”成为公共理性精神展现的重要标志，自觉在内心搭建自我约束的强大力量。最后，在对待“礼法合治”的态度上，要明确“礼法合治”实质上是为封建社会等级思想而提供“合理性佐证”，这与现代公共理性精神所要求的公平正义存在矛盾。但我们不能因其存在一些问题就简单将其划归为封建糟粕，而应该在现代推进国家治理体系中“扬弃”、批判性甄别。建立在我国社会主义市场经济基础上的公共理性，体现在以独立人格觉醒为核心的主体性意识及人与人之间的平等关系中。现代法律强调人的权利与义务相统一，与传统法律单方向的惩戒作用不同。法律和道德都有维护社会秩序、促进社会良性发展的作用，我国公共理性精神作为社会主义道德要求的一种，在历史和现实中必须与封建等级特权思想划清界限。当然，优秀传统道德理念在现代化治理中的运用，不仅是历史的选择，也是民众良好行为习惯的传承。“中国优秀传统文化的丰富哲学思想、人文精神、教化思想、道德理念等，可以为人们认识和改造世界提供有益启迪，可以为治国理政提供有益启示，也可以为道德建设提供有益启发。”❶ 制度与人的关系就是中国特色社会主义法治建设的核心内容，符合社会发展要求的制度即公共理性精神的展现。将“礼法合治”转变为“德法共治”，理解德治和法治的关系，是当代大学生公共精神培育必须坚持的方法论原则，只有这样才能真正做到与社会同频共振。

---

❶ 习近平. 在纪念孔子诞辰2565周年国际学术研讨会暨国际儒学联合会第五届会员大会开幕会上的讲话［M］. 北京：人民出版社，2014：6.

三、根本性原则：彰显社会主义核心价值体系的内在动力

党的十九大报告指出，积极培育和践行社会主义核心价值观要以培养担当民族复兴大任的时代新人为着力点。新时代公共治理视域逐渐扩大，大学生群体为治理主体的多元化和治理方式的多样化提供了更多可能性。高校所构建的公共精神培育平台是大学生成长发展的软环境。面对青年学子群体特殊性、公共精神教育体系不够完善等问题，吴开松认为，公共精神的本质在于参与精神，公共参与行动不是强制的，需要植根于公民的自由意志和理性判断而自觉进行实践活动。在公共精神培育中，社会主义核心价值观是大学生公共精神培育根本指导原则。

改革开放以来，生产方式的转化改变了人们的世界观、人生观和价值观，社会主义核心价值观是在社会发展进程中被提出的，在国民教育、精神文化产品创作传播等方面展现了其重要意义。新时代大学生作为社会主义建设的生力军、未来社会发展的中坚力量，其思想认识和道德理念无形中影响着社会发展走向。大学生对于自身角色身份的看法和社会价值理念遵循离不开所处的教育环境，离不开社会主义核心价值体系在高校和社会的深入推进。社会主义核心价值观不仅是大学生面对公共事务时需要采取的根本原则、精神追求，也是国家社会价值导向的理论化表达和路径选择。

在多元化的现代社会，社会意识形态的复杂性要求高校对青年学生给予更多关注与引导。社会主义核心价值观教育在高校的开展多以理论教学为主，社会主义核心价值观的标语随处可见，但学生往往对其感悟不深。为了使社会主义核心价值观深入人心，以爱国主义为核心的民族精神和以改革开放为核心的时代精神须成为大学生公共精神教育的重要内容。高校教师需要明白师德师风的重要性，他们不仅要有过硬的专业素养，也需要提升自身道德修养，践行社会主义核心价值观念。同时，公共精神为理解社会主义核心价值体系提供了不同的路径。大学生要明确国情，理解公共精神与集体主义之间的关系，养成良好品质，将社会主义核心价值观念内化为自身行动准则和精神信仰。

价值观属于社会意识的一种，社会主义核心价值观是我国依据国情倡

导的思想观念、道德规范而形成的社会价值的整合。作为社会主义核心价值体系的凝练表达，社会主义核心价值观体现着社会主义意识形态的本质要求。面对现代化转型的复杂态势，任何社会都需要主流价值观的支撑与引导。“富强、民主、文明、和谐”展露国家风貌；“自由、平等、公正、法治”凝聚社会共识；“爱国、敬业、诚信、友善”回应个人期许。社会主义核心价值观是中国共产党在社会实践中对价值体系的准确凝练，有着重大理论创新，包含现代文明的要求，体现传统价值观的承继。公共精神与社会主义核心价值观的内在契合是本节分析的主要内容。

国家层面的“富强、民主、文明、和谐”是社会主义现代化建设的内在价值目标。要实现“富强、民主”必须以现代社会发展为前提和基础，物质文明与精神文明的建构“两手都要抓”，将促进人的全面发展视为价值旨归。价值目标促使价值理念的实现，价值理念体现价值目标内核。“和谐”作为党的十八大以来党和国家着重强调的重点词汇，体现着“绿水青山就是金山银山”的绿色发展理念，也体现着人与自然、人与人之间的处世智慧。从传统人文思想“道法自然”来看，“和谐”消磨了“人类中心主义”的偏执，提倡万物共生，“他们主张人与自然万物是连续一体的，自然存在具有深刻的内在价值，人类应当尊崇自然，自然而然，与自然和谐共处”❶。这种“天人关系”是在探索人与自然关系问题时，人们对生态所应有的价值态度，人类中心主义不应是生产力的“粗暴应用”，而是对问题展开反思之后的理性自觉，真正的“文明”从来都是“谨慎”，而不是“野蛮”。社会层面的“自由、平等、公正、法治”是社会主义文明秩序的表达，也是和谐社会建设的要求。个人在价值观层面“爱国、敬业、诚信、友善”的信条不仅关系到人与人的交往，而且涉及人应该如何看待个人利益问题。对交往环境、公共空间的认同和他人利益的尊重是社会规则，同时也是人内在遵守的处世价值。

社会主义核心价值观是我国市场经济发展、步入现代化强国过程中向人的价值取向的转变要求。我国社会有着各种各样的民间社团，不论是公

❶ 张岂之. 中华人文精神［M］. 增订本. 西安：陕西人民出版社，2007：234.

益性组织还是非公益性团体，它们出现在公共领域，是社会发展和国家有意识扶持的结果。公共精神的内化，从纵向上来看，公共精神的发展演变势必要在社会活动中与占据主导地位的核心价值观相契合；从横向上来看，平等、公正、权利、责任、生命意义等包含在公共理性或者公共精神范畴下，体现着公共价值。没有对这些理念的认同，人们则无法生存在这样的世界。

社会主义核心价值观彰显着共产主义远大理想和中国特色社会主义共同理想，理想的实现需要价值观的护航，价值观也体现着新时代信仰的力量。社会主义价值观建设更重要的在于践行。当代大学生公共精神成长于改革开放的土壤中，而社会主义核心价值观也内化在改革开放过程中。也就是说，改革开放的历史实践为我们建立了一个广泛的利益共同体，正是有利益共同体的存在，正是有社会主义市场经济发展建设的实践过程，大学生们才会产生广泛公共精神。在经济上，我国规范社会经济秩序，完善制度建设，缩小城乡差距，培育民众主体性意识，特别是在化解社会矛盾时调整利益关系以达成共识。在公共领域，公共精神的内化意味着公共治理能力有效性、规范性的深入发展，监督机制和制度设计发挥了更为突出的效用，有利于推进现代民主法治国家的建设完善。在文化领域，社会主义核心价值观念作为社会主义先进文化的彰显，既凝练了社会共识和价值理念，也为健全制度法规、拓展民族精神在新时代的传承起到重要作用。中国特色的公共精神是民众主体性意识的觉醒，民众的主体性往往彰显在“公共责任意识”的发挥中。公共关怀、公共正义等良好的精神品格在实践过程中体现着社会主义核心价值观。大学生养成良好的公共行为习惯，主动参与志愿服务活动，有利于将“奉献、友爱、互助、进步”的志愿服务精神与实现道德人格、推动社会发展结合起来。大学生公共精神培育，不仅是社会主义核心价值观实现的途径，同时也为其成长成才提供价值观上的引领、世界观上的启发、人生观上的感悟。

第五章　当代大学生公共精神培育的关键、方法与保障

当代大学生公共精神培育是一个庞大的系统工程，关涉家庭、学校、社会不同层面，牵及学生内外部各因素。大学生群体作为实现中华民族伟大复兴百年梦想的生力军，他们对公共事务的参与热情与关注度直接影响国家和民族的未来发展，他们的公共精神状态与价值观密切关系到其自身能否成长成才、全面发展。新时代背景下，培养现代化合格公民与担当民族复兴大任的时代新人，我国应抓住高校公共精神培育的关键环节，把握培育的时间节点、强化培育的主客互联和保证培育的过程可控；同时，坚持一般方法与具体方法相结合，从资源、思想和制度上为大学生公共精神培育提供保障，始终用社会主义核心价值观引领当代大学生的公共精神培育，促使青年大学生在认知与情感上深刻认同及在实践上自觉践履。

第一节　当代大学生公共精神培育的关键

一些突发公共事件的出现、传统节日的纪念等，一定时期内都会成为社会热议的话题，这无疑会对生活在现代社会中的人们尤其是新时代大学生的思想观念、价值塑造和行为模式产生重要影响。公共精神的培育从来就不是一蹴而就的实践过程，在全社会范围内发生并将对社会各个方面产生深远影响的重大事件面前，应抓住对当代大学生公共精神培育的机遇，把握契机，方能实现事半功倍的效果。

一、把握培育的时间节点

首先，我国社会发展进程中出现的一些重大突发自然灾害性事件，是大学生公共精神培育的自然时间节点。重大自然灾害使国家、民众遭受了重大损失，但同时也应看到，在重大自然灾害面前，民众心齐、力聚，民族的凝聚力高涨、团结力昭彰，一方有难，八方支援，在共同抗击自然灾害时，产生了极具影响力的"抗洪精神""抗灾精神"，这些无不是当代公共精神培育的重要表现。公民积极参与抗震救灾公共事务，公共精神得以高扬。高校志愿者在重大灾害面前勇于担当，在抗震救灾工作和灾后重建工作中发挥了重要作用。如"5·12"汶川大地震后，大学生志愿者积极投入抗震救灾和灾后重建活动中，贡献力量与爱心，肩负起了服务社会的公共责任。在应对自然灾害中形成的伟大抗震救灾精神，集中体现并进一步发展了爱国主义、集体主义等精神，其本质上就是一种公共精神的彰显。公共精神正是萌芽于人们这种团结一心抵抗自然灾害的过程。党的十八大以来，习近平总书记在对重大灾情作出重要指示时，"群众""减少人员伤亡""全力救治"这些词频频被提及，屡屡被强调。自然灾害面前，人们守望相助，展现出了积极顽强的意志，更显现了共建家园齐心协力的公共情感。高校在培育大学生公共精神时应把握这一重要时间节点，加强青年学生的公共情怀，引导其关怀公共事务，关心民众群体安危，涵养公共参与理念与公共责任。可以说，重大自然灾害与人类对自然的过度开发不无关系。高校应借此机会，加强对高校大学生的生态伦理教育，培育大学生的生态责任意识和生态道德意识。开设生态伦理课程，端正大学生的生态价值观，树立其环境保护的理念，使其懂得保护生态环境的重要性，开始重新审视人与自然的关系，将人与自然作为一个共同体来思考也是公共精神培育的重要内容之一。公共环境保护意识、公共情感关怀意识的确立不是教育的最终目的，青年大学生公共精神培育的最终目标在于促进大学生知行转化，在树立起保护环境的自觉意识的基础上，转化为保护环境的实际行为，自觉开展或参与环境保护的志愿活动，在保护自然环境的行为中践行公共精神。

其次，节假日是公共精神培育的文化时间节点。有学者认为："节日是特定族群、民族、国家在长期的历史积淀中形成、传承并周期性举行的祭礼、庆典、娱乐等活动与仪式，它既是传统文化习俗的集中展示，又是以象征符号形式对集体意识、社会结构的曲折反映、再生产和强化。"❶ 现代社会的节日种类繁多，既有从前保留下来的传统节日，如春节、中秋节、端午节等，也有国家诞生至今建立的新节日，如国庆节、建军节等。面对当下社会民众思想多元化趋势，节日所具有的社会凝聚功能，对于高校进行公共精神培育具有重要价值。一是节日所塑造的公共文化空间，能够为公共精神培育提供重要公共文化时间节点。节日作为一种公共的文化行为，其根本目的不在于服务人类自身的审美与娱乐性，而在于服务社会整体的需要，服务于社会教化与精神融合。通过节日，社会得以有机会举行集体庆祝活动，而这种活动便塑造了一种公共空间，在其中，人们的公共精神得以形成。二是节日凝聚民众的价值共识，为公共精神培育提供价值基础。每一个节日背后所传递的都是一种价值观，都能够对人们产生价值引导。以春节为例，春节代表的是合家团聚，其背后传递的是以亲情为重的价值取向，但同时，举国同庆又会激起人们心中的爱国情怀，即使身在国外的华人华侨们也会感同身受。我国已经建立起国家法定假日为主导的节日价值导向体系，通过传统节日宣扬社会主义核心价值观念，以社会价值共识为基础，为公共精神的培育提供价值引导。三是节日所带来的共同情感，能够为公共精神培育提供情感基础。中国传统节日往往传递着各种情感，人们在清明节寄托哀思，在中秋节渴望团圆相聚，对民众来说，中国传统节日是亲情、友情、爱情和家国情承载物。如基于中秋佳节所营造的节日氛围，总是会唤起人们思念家人共同的情感，以共同的情感为基础，个体便会产生血脉相连、家国一体的认同感，从而对国家及民族产生深深的归属感，进一步强化国家意识和民族意识，为公共精神的培育奠定情感基调。

最后，公共卫生事件是大学生公共精神培育的社会时间节点。一些重大公共卫生疫情发生之时，国家及时投入人力物力，守护民众健康，民众

---

❶ 甘代军，李银兵．金钱、权力与文化：节日现代性的建构与解构［J］．广西民族研究，2014（6）．

响应国家号召，众志成城，充分显示了我国集中力量办大事的独特优势，激发了民众万众一心、同舟共济、守望相助的精神面貌。此时，便是高校进行公共精神培育的重要时间节点。高校应以此为重要抓手，以抗疫英雄的先进事迹激发学生投身公共事务、关怀群众健康的意识。习近平总书记在全国抗击新冠肺炎疫情表彰大会上的讲话中提出："抗击新冠肺炎疫情斗争取得重大战略成果，充分展现了中国共产党领导和我国社会主义制度的显著优势，充分展现了中国人民和中华民族的伟大力量，充分展现了中华文明的深厚底蕴，充分展现了中国负责任大国的自觉担当，极大增强了全党全国各族人民的自信心和自豪感、凝聚力和向心力，必将激励我们在新时代新征程上披荆斩棘、奋勇前进。"❶ 在抗击新冠肺炎疫情过程中产生的伟大抗疫精神，便是在中国共产党的领导下，在全国人民团结一致、众志成城地抗击疫情中诞生的具有时代意义的精神力量，这种精神在一定程度上可以看作一种现代公共精神。因此，抗疫精神的诞生，标志着公共精神在新时代得到了新发展。抗击疫情是大学生体认家国情怀的生动教科书，也是践行家国情怀的社会大课堂。无数大学生在这场没有硝烟的人民战争中走在前线，彰显了新时代中国青年的良好风貌。❷ 在重大公共卫生疫情下，青年学生积极配合国家、省市、学校的疫情防控政策，顾全国家大局、民众安危，在行动中践行着以公共利益为主、以国家和社会利益为重的价值取向，也展现出不畏艰难、敢吃苦肯受累的精神面貌，用自己的实际行动展现了青春应有的模样。因此，大学生公共精神培育迎来了新的常态化背景与重要契机。高校必须引导大学生形成自我定位的正确认知，达成人生价值的理性认同，形成疫情防控的价值共识，主动投入公共卫生事务，自觉遵守公共要求；引导大学生在新冠肺炎疫情常态化部署中，将他人利益与身体健康作为自己的价值追求，以一种利他的理念投身志愿活动，激发其公共情怀，体现其将自身利益与社会利益相协调，摒弃以个人利益为中心的个人本位思想的优越品质。此外，在此时间节点，培育大学生的担

❶ 习近平．在全国抗击新冠肺炎疫情表彰大会上的讲话［M］．北京：人民出版社，2020：12.

❷ 李辉．战"疫"中的大学生群体画像［J］．人民论坛，2020（S1）.

当意识尤为重要。面对社会需要的呼唤，当代大学生义不容辞，应以自身勇气肩负公共责任，担当历史使命，冲锋在前，关注疫情防控的成败，为打赢疫情防控战贡献力量。为此，聚焦新冠肺炎疫情防控之下大学生公共精神培育的时间节点，引领青年走出课堂、走出学校、走出个体、走向社会、走向实践、走向集体，是高校德育的重要任务。

二、强化培育的主客互联

公共精神培育的主体与客体关系是贯穿培育全过程的最重要、最基本的互动关系，存在于公共精神培育的一切活动中，决定着公共精神培育其他各种关系的产生、发展与变化。深入分析公共精神培育主体与客体的内涵，正确看待公共精神培育主体与客体的关系，是深入开展公共精神培育、提高公共精神培育实效性的关键。为此，当前形势下，构建科学、和谐、合理的主客体互联关系，是切实推进公共精神培育的当务之急。

首先，构建公共精神培育中科学的主客体的关系，主客体之间必须贯彻民主平等的教育理念。培育主体积极发扬民主的教育理念，在平等的基础上与教育对象进行全方位交流，了解教育对象的不同需求，在相互理解、相互尊重的基础上实现主客体的有效互动。进入信息化时代，社会信息的传递变得更为迅速，信息传播的途径更为多样，教育者不再像传统社会那样作为信息资源的垄断者，受教育群体也有了更多机会接触各种信息，尤其是青年大学生，因其思维活跃，拥有较强的信息敏锐性与获取信息能力，在获取现代信息资源上甚至比作为教育者的教师更有优势。在此情况下，教育主体与客体之间的传统关系必然发生转变，部分教育者必须摒弃过去居高临下的不当姿态，开始与受教育者建立一种民主平等的关系，如果教育主体与教育客体的关系不是基于民主平等的前提，而是基于主体凌驾于客体、主体碾压客体的基础之上，在这种自上而下的关系下，公共精神培育无疑是失败、无效的。随着社会现代化进程的不断推进，公共精神培育的主客体关系也必然随之发生改变。进入新时代以来，公共精神培育的主客体关系得到较好改善，主体的权威逐渐被打破，话语权逐渐由主体与客体共有，主体与客体不再是一种单向作用与服从关系，逐渐转变为双向互动关系。教育者与受教育者之间是相互学习、相互促进、相互帮助、共同进步的关系，这样就极大地提高了公共精神培育的成效，公共精神的公共性才真正体现在主客体双方民主平等的关系之上。

其次，构建公共精神培育中和谐的主客体关系，主客体之间必须实现双向互动的良性关系。以往一些公共精神培育中，倾向于过分强调教育者的教育权威，将教育者的地位过分拔高，忽视受教育者的主观能动性和个性，将受教育者置于从属的地位，认为受教育者只能被动地接受作用。由此一来，公共精神培育就变成了一种教育主体单向作用于教育客体，教育客体被动接受教育主体作用的过程。公共精神培育实际上变成了单向灌输式教育，变成了只有我讲、你只能听的单向教育模式。长此以往，教育主体与教育客体之间的关系变成了只有主体、没有客体，主体作用于客体，而客体只能接受作用，主体与客体之间缺乏共同体意识，二者并不能实现有效联动，这种关系体现了二者不和谐性。当然，如果认为公共精神培育的内容具有无可置疑的权威，那么自然而然就会从这样的权威出发去构建主客体关系，从而受教育者就只有接受，并没有质疑或者创新的能力。随着现代社会以人为本、民主平等等理念深入人心，在公共精神培育方面，教育主体与教育客体拥有同等的获取信息的机会，并且互联网的诞生，已经使得知识的界限变得越来越模糊，教育主体与教育客体身处同样的信息环境，接受的信息资源也是开放的，公共精神的培育只有寻找更为利于主客体双方互动交流、更为双方所接受的教育途径，才能更好地有效开展，才能构建主客体和谐的关系。

最后，构建公共精神培育中合理的主客体关系，主客体之间实现互相转化的关系。在高校公共精神培育中，教育者与受教育者的地位不是固定不变的，二者的角色在一定条件下是可以相互转化的。当然，主客体之间的转化不是随意的，必须具备一定合理的条件，当教育主体向教育客体请教时，主体就具备了客体性，转变为客体；当教育客体对教育主体进行说教或者进行自我教育时，客体就具备了主体性，转变为主体。高校公共精神培育过程中，如果单纯依靠主体对客体进行说教，往往是你打我通、你说我听的关系，是远远达不到真正的教育目的的，加之自我教育，即客体主体化，不仅体现了个体的主体意识和理性精神，更提升了公共精神培育的实效性，所以在实际培育工作中，应强化理论教育与自我教育的有效结合，促进主客体的合理转化，达成主客体关系在一定程度上的互通、转化、互联。

总之，随着现代科学技术的迅猛发展与社会的变迁推动着公共精神培育主客体关系的变化，我们必须作出积极应对。一是要坚持平等共处的理念，大学生的独立人格精神日益凸显，在培育其公共精神的过程中，教师要摒弃作为知识权威的观念，改变高高在上的形象，学会与受教育者平等沟通，尊重教育对象的需求，理解教育对象的想法，与教育对象达成共识。二是应该坚持民主的理念，要把大学生群体当作主体来培养，相信教育对象的能力，开发教育对象的潜能，善于让教育对象进行自我管理，教育者要善于营造民主和谐的氛围，允许教育对象有不同的想法，允许教育对象对知识提出自己的疑问，在各种活动中与教育对象平等互动。三是应具备较好的沟通能力与共情能力，懂得如何与受教育者进行沟通，了解教育对象的思想状况，掌握教育对象的思想动态。四是教育者应学会与时俱进，及时更新自身的公共精神知识，提升公共精神素养，掌握新的教育方法手段，营造更有效的教育环境。对于教育对象而言，应该在肯定教育者的引导作用、自觉接受教育的基础上，坚持自我教育，促进自己向教育者转变，同时以积极主动的态度与教育者进行双向互动，与教育者开展平等对话，学会换位思考并积极配合公共精神相关培育工作，做到对公共精神真正内化于心、外化于行，使高校公共精神的培育真正取得实效。

三、保证培育的过程可控

公共精神培育并非到大学阶段才开始的教育内容，也不是自然实现的短期目标，而是要贯穿大中小学教育各学段，经历青少年发展全过程的长期实践。保证公共精神培育的过程可控是高校公共精神培育的关键一招，要做到过程可控，就必须考虑大中小学各学段培育的有效衔接与过程顺畅的问题。大中小学各学段学生由于年龄不同、情况各异，公共精神培育课程教学呈现出由浅入深、由部分到全面的递进特点。目前，大中小学公共精神的培育仍存在目标划分不清、内容安排不合理等问题。当代大学生公共精神培育作为一项系统工程，需要大中小学公共精神培育的目标设定、内容设置和师资建设形成一体化的系统，以关照现实问题，保证当代大学生公共精神培育的可控与生态化。

（一）保证大中小学公共精神培育目标设定的一体化

实现公共精神培育目标的连续性、一致性的衔接，是当前高校公共精神培育和思想政治教育工作的重要着力点。公共精神培育的目标事关公共精神培育过程与整体活动的进行是否顺畅。实现大中小学公共精神培育目标的有效承接，是为了符合学生各个年龄阶段的认知发展水平、心理接受能力的承受度，对各个时期不同层次、不同阶段的学生提出具体、合理的培育要求，严格按照学生的年龄段和学力划分进行相应培育活动，避免出现高标准严要求或低标准宽要求的情况。

首先，要坚持一以贯之的公共精神培育总目标。公共精神培育总目标在整个公共精神培育目标中占据核心地位，它贯穿公共精神培育的各阶段目标的设置，统领各学段目标的实现，是各层次目标的主线与基础。当前我国各类学校公共精神培育的总体目标是培育具有以中国特色社会主义现代化社会发展要求为基本的价值取向，以公民的权利和义务的统一为基础，以理解个体与国家、社会的关系和责任为基本内容，以形成社会政治生活的原则、规范、价值和态度为重点的社会主义接班人和建设者。大中小学公共精神培育目标一体化就是将公共精神培育目标贯穿各层次，实现总目标到分目标的层层部署，最终实现培育时代新人的目的。

其次，要制定各有侧重的公共精神培育分目标。不同阶段的学生有着不同的思想情况、心理特征与认知水平，公共精神培育应该关注不同阶段的学生在思想、认知、情感、行为等方面的差异，从而立足差异制定公共精神培育重点目标。小学阶段作为个体社会的起点，其公共精神培育的内容应该为初级的社会成员思想；到了初中时期，随着学生主体意识的不断增强，公共精神培育的主要内容则应转为对其主体意识的引导，教导其如何成为社会良好公民，理解社会成员等概念；到了高中学段则进一步深化社会主义公共精神，加强公共道德修养与公共行为规范；到了大学阶段则是个体社会化的成熟时期，这一阶段应以培育其公共理性与社会公共参与能力为目标，鼓励青年大学生更多地参与到高校治理与社会治理建设当中。由此，不同阶段学生，其公共精神培育的侧重点与任务不尽相同，决定了公共精神培育的目标必须根据学生实际设定。高校公共精神培育必须立足学生现状，细化总体目标与分目标，在中小学培育目标的基础上，适度制定符合高校实际的公共精神培育目标与方案，有的放矢，达到培养人才的目的。

（二）保证大中小学公共精神培育内容设置的一体化

公共精神培育内容是为实现公共精神培育目标而安排和确定的特定意涵，是公共精神培育目标的具体化与现实践行。大中小学公共精神培育的内容衔接必须紧紧围绕各阶段公共精神培育的目标来确定。各学段公共精神培育内容应注重内涵上的连贯与形式上的衔接，以达成高校阶段公共精神内容设置与前学段的承接，以保证培育内容的一体化，进一步提升高校公共精神育人实效。

首先，教育者应对受教育者的知识结构作充分把握。要使公共精神培育内容与学生的学段特点和身心特征相结合，避免过长跨度、高难度打击学生信心。在小学阶段只要求一些基础知识，不作过深拓展；到了中学可以在基础知识上作部分拓展，培养其自主意识与独立精神，并在日常学习中积极调动其自主性与积极性，培养其自觉道德意识；行至大学，学习不仅要向理论深度拓展，更要培养其理论联系实际的能力，并在学习之余为其安排足够的公共事务参与平台，以便他们顺利开展公共实践活动，提升公共参与能力。

其次，公共精神培育的内容应该循序渐进，呈现向上发展的趋势。人的公共精神培育是一个长期的、复杂的过程，但总体来看，公共精神培育应该呈现螺旋式上升发展的过程。有些内容虽然在不同阶段多次出现，但不能把其看成简单重复，而应看作波浪式前进的状态，相同内容会随着学生个体的认知发展水平的变迁，逐次深化与跃升。如独立人格精神，在小学的独立应该是生活的独立；到了中学应该进一步确定为主体的独立；到了大学则更进一步提出人格和精神上的独立，虽然它们内容相差不大，但是在培养方式与核心要素上相去甚远。因此，面对相同的内容，我们必须找到其与不同阶段学生的结合点，避免学生因重复的内容而感到单调乏味，从而影响了教育效果。

最后，公共精神培育的内容应该及时更新，与时俱进。公共精神培育的内容只有具备鲜明的问题导向，并满足时代的需求才能富有生命力，才更加深入人心，才能更具针对性与亲和力。保持公共精神培育内容的不断更新，充实时代性内容，也要保证公共精神整体性内容的不可或缺，如独立人格精神、公共参与精神、公共责任意识和公共规则意识等基础性内容构成了整体性内容的基石。除此之外，可安排一些次要内容用于补充公共精神培育内容衔接的“缝隙”。

（三）保证大中小学公共精神培育师资建设的一体化

2014年9月9日，习近平总书记在同北京师范大学师生代表座谈时强调：“百年大计，教育为本。教育大计，教师为本。努力培养造就一大批一流教师，不断提高教师队伍整体素质，是当前和今后一段时间我国教育事业发展的紧迫任务。各级党委和政府要从战略高度来认识教师工作的极端重要性，把加强教师队伍建设作为基础工作来抓，满腔热情关心教师，改善教师待遇，关心教师健康，维护教师权益，充分信任、紧紧依靠广大教师，支持优秀人才长期从教、终身从教，使教师成为最受社会尊重的职业。”[1] 习近平总书记从战略高度明确了教师在教育事业中的重要地位，为我们加强教师队伍建设提供了根本遵循。公共精神培育工作者作为在学校公共精神培育中的主导力量，其人才队伍的建设事关公共精神培育的成败。因此，建设一支高素质的大中小学公共精神培育教师队伍，保证这支队伍的稳定持续发展，是做好大中小学公共精神培育的重点工作之一。

首先，在实际工作中，应适当地提高相关教师的地位和待遇。高校公共精神培育，主要依托于思政课教师、辅导员、高校团委、学生处等相关部门教职工，他们本身已承担了较重的教学、行政工作。强化公共精神的

---

[1] 习近平. 做党和人民满意的好老师——同北京师范大学师生代表座谈时的讲话［M］. 北京：人民出版社，2014：13.

培育实效，就要提高相关教职工的待遇与地位，制定相关的保障政策，让相关教师更富有热情地投入公共精神的教学实践当中。

其次，要着手搭建不同学段教师队伍之间的沟通平台，形成衔接与合力，使承担不同阶段教学任务的教师队伍能够通过交流获取相关经验、整合资源。分属各个学段的教师应定期组织起来召开讨论会以讨论学习方法和经验，打破分裂割据和信息断层的局面。低学段的教师主动向高学段教师学习借鉴，高学段教师也要走进低学段教师的课堂，了解其培育工作的开展情况，通过相互提出意见和建议进而提高公共精神培育的实效。在疫情防控常态化的背景下，可通过腾讯会议等网络形式搭建交流平台，突破以往物理空间的限制，使不同学段的相关教师能够随时随地交流新问题，阐述新难题，讨论新方法，制定新措施。

最后，提高公共精神培育教师队伍的业务水平和综合素质。就高校而言，公共精神的培育主要依托于思想政治工作的教学、实践活动开展，相关教师对于公共精神的认知及其培育工作的重要性的认识可能并不到位，学校应定期开展培训工作，举办相关竞赛活动，提升其培育意识与专业水平。

就目前的状况而言，只有抓好大中小学公共精神培育的目标、内容与师资力量建设的衔接工作，才能真正了解中小学阶段的培育如何做、做得如何，高校应如何改进并继续做好，使高校公共精神培育工作高效开展并落到实处，不断适应新时代的新境遇，满足现实发展的新需要。

第二节　当代大学生公共精神培育的方法

夸美纽斯认为，准确达到预期结果的教和学的方法是教和学的普遍要求，他曾言“因为只有将人事的过程尽量与自然的过程相符，才能恰当地奠定这个基础，我们要遵循自然的方法，以鸟儿孵化小鸟为榜样”❶。公共精神作为精神教育内容的一种，其培育方法需要符合大学生认知发展规律、

---

❶ 夸美纽斯. 大教学论·教学法解析［M］. 任钟印，译. 北京：人民教育出版社，2006：105.

顺应社会个体要求。“方法”古代是指给方形度量的法则，其数量化、具体化的特征发展到现在就是我们常说的“为达到某种目的而采取的途径、步骤、手段等”[1]，而“方法论”与“世界观”相对应相统一，是“方法”的总论，“哲学方法论是关于认识世界和改造世界的最根本的方法理论”[2]。方法贯穿于计划、组织、指挥、协调、控制全过程，不仅因各阶段特点不同而应用方法不同，也有贯穿于整个过程的根本性方法、一般性方法。公共精神培育需要根据当代大学生群体的特点，在其成长过程中注重连贯性教育。公共领域的开放性、民主性应与大学生成长需求相贴合，形成诸多要素和内容相互作用的有机统一体。在实际工作中，适当凝练当代大学生公共精神培育的一般方法有助于大学生公共精神培育的科学化、系统化，而实施大学生公共精神培育的具体方法有助于调动各类积极因素，形成高校公共精神培育的强大“合力”，以达到当代大学生公共精神培育目标。

一、当代大学生公共精神培育的一般方法

公共精神的教育要从实际出发、从时代出发，才能实现理论与实际的统一。用发展的眼光看问题，教育者才能改变原有单向度的自外而内的教育路径，关注大学生群体内在变化和社会发展外在需求，在更广泛的公共视域下引导大学生将培育内容与其自主生成相结合。最后，在个人与社会交互基础上具体情况具体分析，培育其独立的公共理性精神，掌握必要的公共生活技能。

（一）一切从实际出发：理论与实践相统一

马克思认为：“理论一经掌握群众，也会变成物质力量。理论只要说服人，就能掌握群众；而理论只要彻底，就能说服人。”[3] 通过向青年学生传授公共精神有关知识，使其明白公共精神的基本内涵与重要意蕴，认同其

---

[1] 王同亿. 现代汉语大词典［M］. 海口：海南出版社，1992：361.

[2] 夏征农，陈至立. 辞海(第六版彩图本)［M］. 上海：上海辞书出版社，2009：576.

[3] 马克思恩格斯文集：第1卷［M］. 北京：人民出版社，2009：11.

科学性与价值性，才会产生指导公共实践行为的精神力量。

何谓理论？理论是对知识的系统总结与归纳，是对规律的摸索，理论的力量最终在于指导实践。“理”的核心在于对规律的揭示和把握，一方面在于揭示事物的内在关联；另一方面在于把握事物运动的规律，并从规律中抽取出事物的个性。“论”即阐述、传递的意思，“论”的方式多种多样，合理地运用说理方式将可以提高说理教育的有效性。“论”不是单向灌输，而是要教育者与受教育者双方平等交流，在实际培育过程中应客观看待灌输式教育模式的可取之处。公共精神不是个体生而具备的，在一定阶段需要运用灌输的方式使其对公共精神有一定了解，形成最基本的公共意识。但不能简单地把理论进行强迫式教育处理，使学生失去独立思考能力，或者把理论作简单表面的理解，致使理论与实践相分离，变成无根之木。在理论教育中，公共精神培育者应坚持以理服人，避免以理压人的情况，应做到不断提高自己理论水平的同时，自觉以言引导、以行示范，言行一致。同时，青年学生不应是公共道德知识的收纳容器，而是能够充分发挥主观能动性，对所接受的理论知识进行主动认识、自主选择、自主学习、自我消化的独立主体。

思想是行为的先导，行为是思想的实现方式。在《关于费尔巴哈的提纲》中，马克思认为：“哲学家们只是用不同的方式解释世界，问题在于改变世界。”❶ 社会实践活动是检验人的思想正确性的唯一标准，人们正是在实践中构建了自己的观念，形成了人与人之间的关系，促成了人类社会。在我们看来，公共精神本质上是参与精神和秩序精神。而这两种精神起源于人们的公共实践活动，如果没有公共参与实践，参与精神与秩序精神无从谈起。实践活动不仅承载了公共精神培育的内容与目标，更拓展了公共活动空间。现实中的公共实践活动大都以集体的形式进行，在集体公共实践中，学生们得以感悟集体公共生活之于个人的意义，体悟集体实践中规则意识的重要性。其一，应根据青年学生的思想实际及教育目标选择合适的方式进行公共参与实践锻炼；其二，应该持续地开展公共实践活动，一

---

❶ 马克思恩格斯文集：第1卷［M］. 北京：人民出版社，2009：502.

次的公共参与可能对学生的影响是暂时的、有限的，必须经常性、持续性地开展相关实践锻炼活动，并在多次的实践中总结经验，不断提高参与能力与实践理性分析能力，逐步提升公共精神素质；其三，力戒形式主义的公共实践活动，着力推动公共参与的规范化和系统化，使各类校园公共实践活动稳扎稳打、循序渐进，使学生群体在公共参与中理解公共精神的内涵，促进公共精神知行转化。从根本上讲，青年大学生形成的公共精神只有经过反复的实践锻炼才能得到巩固、展现和强化。

（二）用发展的观点看问题：培育与生成相结合

青年大学生逐渐在公共精神教育过程中把自我作为认识和改造的对象，呈现由他教向自育、由培育到生成的发展状态。公共精神除了利用学校教育、家庭熏陶与社会涵育等方式，更为注重通过自我认识、自我反思、自我理解、自我选择等方法，提高自身公共意识及公共道德素质。我国不乏注重自我修养的思想家，如孔子强调“见贤思齐焉，见不贤而内自省也”，又如王阳明提出“知行合一”“破山中贼易，破心中贼难”。毛泽东提倡人民要“用民主的方法，教育自己和改造自己”❶，这为高校公共精神培育提供了方法借鉴。

在高校公共精神培育的过程中，要强化外在培育与内在生成性方法相结合，以发展的观点看待公共精神的形成。“生成性思维所理解的公共空间充满相对性和自反性，即任何一种思想或行为都无法预先测度，只能在互动和协商的实践参与中获得意义理解。”❷ 因此，生成性思维必须与实践的培育紧密联结。学生们的思想状况会随时发生改变，而教师从了解学生实际情况到针对现实状况采取相关教育举措，再到对其进行教育是一个必经的过程，这中间的“时间差”往往决定了教师并不能随时随地关照到学生的身心状态发展。相反，青年学生的自我生成性教育往往能够时时调整、事事调整、因时因地制宜，及时进行自我省察、自我管理、自我提升。大

---

❶ 毛泽东选集：第4卷［M］. 北京：人民出版社，1991：1476.

❷ 陈念，金林南. 思想政治教育在公共空间中的出场思考［J］. 思想理论教育，2020（2）.

学生的自我生成性教育，有效提升了公共精神培育的针对性。虽然生成性教育方法往往借助自我反思的力量来实现教育目标，但生成性教育不等于学校对学生公共精神发展走向放任不管。相反，生成性教育将对相关教师提出更高要求，使其更加关注学生的价值立场，在公共精神培育中发挥主导作用，引领公共精神培育的正确政治方向。当然，教师同样要开展自我教育，不断地反思自身、以身作则，做到使自己先受教育，发挥榜样示范引领的重要作用。同时，相关培育工作者通过开展丰富的校园公共活动推动大学生自我教育的开展，激发其主观动机、创造参与机会。这就依赖于不断增强的集体凝聚力和集体内各成员之间的良性互动，推动着学生在集体实践中、在与他人的交流中获得自我教育的经验与体验，时刻反思如何以良好的秩序感融入集体和社会之中。

（三）具体情况具体分析：隐性与显性相交互

公共精神的培育需要凝聚大学生对社会的核心价值观念和共同价值理念的认同。经济社会的快速发展，带来了教育环境的巨变，在过去信息交往不发达的背景下，以显性教育为主的传统教育能收到较好的成效。然而随着学生主体意识的增强，大学生个性逐渐凸显，他们不喜欢教条式的理论灌输，敢于打破条条框框，敢于提出自己的疑问与批判。以上这些特征并不是单靠显性教育就能够克服的，过去以理论灌输为主的传统教育模式亟须改革。而隐性教育通过润物细无声式的教育，采取潜移默化的形式进行，非但不会引起学生的反感，反而在学生群体中受到欢迎。

隐性教育作为一种教育方法，最早是由美国学者杰克逊于 1968 年在《班级生活》中用“隐性课程”进行表述的，他认为在正式课程的基础上，学生将从课程之外的生活和活动之中获得价值观和态度的发展。对“隐”字的不同理解，导致了对隐性教育的不同解读。有学者认为隐性教育指的是“非正规教育”，即相对于显性教育的“正规”和符合标准而言，采用社会生活的方式，对受教育者采取潜移默化的影响与教育。雅斯贝尔斯曾言，

“任何虚伪都逃不过孩子们明亮的眼睛和透明的心扉”❶，公共精神的隐性教育不是悲天悯人式的自怜自艾，是指将公共文化要素融入人们可感知的日常生活中，逐渐对人们的行为、思想、心理产生影响。

传统的公共精神培育面临的显性教育低效的困境，可以通过隐性教育寻求新的突破。但不论是隐性教育还是显性教育，“只有在共同体中，个人才能获得全面发展其才能的手段”❷。让学生参与到丰富多样的公共实践活动中才是显性教育与隐性教育结合的重要载体与途径。具体来说，一是利用网络媒体对其开展隐性教育。网络技术的迅速发展使网络的覆盖率提高，青年大学生人手一部可以连接网络的手机，为随时随地上网提供了可能。因此，高校应该更多地利用网络来进行隐性教育，使其作为公共精神培育的重要阵地。借助网络媒介，通过创建公众号、微信群、QQ 群等加强与学生的交流，对学生行为和言论进行及时的引导，使其在公共生活中讲文明、树公德、扬新风。二是通过校园文化建设开展隐性教育。校园文化是校园精神面貌的最好表达，优美的校园环境加之丰富的校园文化，能够让学生在无形之中接受文化的熏陶，自觉养成良好的公共品德。通过开展学生喜闻乐见的各种校园文化活动、举办各种公共精神学术沙龙和大型论坛，通过营造健康、积极、向上的公共环境，学生的思想和行为在耳濡目染中接受公共精神的培育。“首先，作为高校校园文化核心的校园精神，体现了高校师生的价值观念、集体荣誉感、自豪感和精神意志，它以潜在的规范性支配着群体中每个成员的行为，以一种无形的力量对群体中的每个成员产生潜在的教育作用，使生活在这种环境的成员不断调节自己的思想和行为，以获取群体的肯定。再次，优化的校园文化往往使师生的不和谐行为因受到文化美的无形约束而收敛，从而对生活其中的师生起着陶冶情操和规范行为的作用，使师生通过亲身感受，在不知不觉中受到教育。因此，高校校园文化的作用具有鲜明的潜隐性。”❸ 三是通过社区文化的建设开展隐性

---

❶ 雅斯贝尔斯. 什么是教育［M］. 邹进，译. 北京：生活·读书·新知三联书店，1991：35.

❷ 马克思恩格斯文集：第1卷［M］. 北京：人民出版社，2009：571.

❸ 白同平. 高校校园文化论［M］. 北京：中国林业出版社，2000：82.

教育。社区可以利用文化墙和宣传橱窗等进行宣传，通过举办各种集体实践和义务劳动使学生在公共活动中接受教育，并在无意识中获得思想的升华，在不知不觉中激发起为集体和谐努力、为公共秩序发展贡献的意识，继而形成坚定的理想信念和良好的公共道德品质。

二、当代大学生公共精神培育的具体方法

（一）家庭孕育：注重启蒙激励

美国学者托马斯·费兹科和约翰·麦克卢尔在《教育心理学——课堂决策的整合之路》一书中将“激励”称为“动机的引发”，并将其界定为“激活、指引和维持行为的心理过程”，他们认为学生的动机引发包括三个方面的内容，即“动机引发的方向或目标”“动机引发的相对强度”及“动机引发的持续性”❶。由此我们可以认为，激励对学生有正强化和负强化两方面的重要作用，对学生正确的公共意识和公共行为进行适当的鼓励与赞扬，可调动其积极性，给予其继续保持良好认知与行为的动力支持。对学生的错误思想和行为进行适当的批评与斥责，可以帮助其克服错误思想观念，促进其良性发展。家庭孕育需要注重学生在成长过程中的启蒙教育、激励作用，启蒙其公共意识，激发其公共参与的内在动力。

现实中，家庭对于公共精神启蒙鼓励教育的应用仍不够理想，学生应试教育的惯性仍有显现，“只关注学习就好”这一观点普遍出现在家长观念中。“为往圣继绝学，为万世开太平”的凌云壮志无法与学生个人理想相衔接。部分学生在遇到挫折的时候，会缺少应对的勇气，在遇到难题时，首先不是考虑解决，而是选择逃避困难。“他们不期待笑脸，不期待尊重，不期待欣赏，不期待感动，更不敢奢望学习生活的激动人心或令人兴奋。”❷家庭启蒙鼓励教育一定程度的缺失，会使学生主体意识和理性精神逐渐削弱，其公共精神培育也就成为空中楼阁。

伴随着改革开放的不断深入和市场经济的迅速发展，当今社会主体需

---

❶ 托马斯·费兹科，约翰·麦克卢尔．教育心理学——课堂决策的整合之路［M］．吴庆麟，等译．上海：上海人民出版社，2008：175.

❷ 梁清．批判与扬弃：教育异化论［D］．长春：东北师范大学，2006.

求呈现多元化，使个体主体意识增强，这为鼓励教育的实施提供了重要前提条件。2021 年 7 月，中共中央办公厅、国务院办公厅印发的《关于进一步减轻义务教育阶段学生作业负担和校外培训负担的意见》进一步将减负工作落到实处，更使得新一代家长们在培养学生自主性上发力，在培育学生公共问题看法上加以引导，在鼓励启蒙教育中形成了良好家风。注重家庭公共精神的孕育，家长作为孩子的第一任老师，应强示范、重熏陶，用自身的奋斗历程与切身实践例证公共精神的重要价值。家长要适时应用物质鼓励与精神鼓励相统一的激励教育，通过赞扬和信任，肯定和强化正向公德意识与秩序行为；通过批评、引导等方式，扭转孩子的不良想法与作为，提升其参与公共活动的积极性和主动性。

（二）高校培育：注重体系架构

大学生公共精神的养成离不开高校的培育与个人长期实践锻炼，高校作为知识、思想与文化的“高地”，由于源源不断的青年群体的涌入而充满生机、富有创造潜能。高校将符合社会发展要求的价值取向传授给学生，使其形成公共观念、顺利进入公共生活、担负应有职责。这就要求高校不仅应具有高度的文化自信，还要提供丰富的实践平台，契合大学生实际，形成合理、开放的公共精神培育体系。

在现代多元文化的影响下，青年学生往往在社会发展与个体要求之间难以自洽，甚至表现出自我认同的迷失、价值判断和选择不再简单以“集体为先”等现象。其实质在于，现代人对集体与个人、权利与义务的新思考、新取向。以往，高校公共精神教育常被片面等同于思想政治教育或集体主义教育，而缺乏一定的个体价值教育。大学生作为重要社会成员，如果缺少个体价值教育，在面临公共利益与个体利益的冲突矛盾时，容易不知所措，无法作出理性选择。而“无法作出选择”不是说其并未具备公共精神，而是教育者过分强调“整体利益”的教育内容，却无形中缺乏“为什么”如此选择的深层次理性剖析，导致个体选择的茫然与缺失。

从形式上来看，高校相关教师与大学生之间有一定程度的“代沟”。这就要求育人者先自育，提升道德文化多元化要求下的公共精神理论功底、完善公共精神教育内容学科体系。一方面，教师在公共精神培育过程中要有扎实的学术功底，厘清公共精神的发展历程，建立相应的学科知识体系，建构适合本校学生的公共实践育人体系。在理论教育过程中，相关教师需要挖掘公共精神的本土化来源，引导大学生在公共精神历史发展趋势上合理取舍，同时吸取西方公共文化中的积极因素，合理定位“为己”与“利他”这一公共精神中的关键问题，明确二者都可以在社会中发挥的重要作用。“利他价值是为己价值实现的本源与归宿，为己价值是利他价值实现的条件与基础。”❶ 另一方面，公共精神的培育可发挥思政课程与课程思政的鲜明优势，应借助其内化传授功能，在提升公共精神培育专门化、专业化基础上，将公共精神理论体系融入高校德育主渠道。在公共精神培育过程中，利用专业优势开展服务社会、服务学校、服务社会团体等活动，学以致用的同时，将专业特色与社会需求相结合，也将公共精神与个人能力相结合。另外，高校将社会公德教育以宿舍、班集体、学院等为依托，使青年大学生在由小至大的环境中感受公共利益以不同的方式呈现，让他们在公共活动中感受锻炼自身，做好利益的取舍，加深对公共事务的内心感悟，作出正确价值选择，主动承担公共责任，在社会奉献中实现人生价值。

（三）社会涵育：注重价值引导

“从本质上看，公共精神内含着自由、平等、公正等价值诉求，即社会主义核心价值观社会层面的主要内容，同时也包含着诚信、友善等社会主义核心价值观个人层面的基本内容，它增强了人们的道德认知，明确了责任与义务，引导人们向真善美迈进。”❷ 在社会结构发生明显变革的今天，公共精神的培育在社会层面上更需要发挥社会主义核心价值观的引领功能，强化舆论引导以及榜样教育的有效应用。

公共舆论是当代社会中不可忽视的环境因素，而舆论引导法，则是指在公共精神培育中，将大学生、教育目标和教育内容内隐于一定的社会舆

---

❶ 崔建利. 大学生公共精神培育的文化困境及破解［J］. 江苏高教，2018（5）.

❷ 郑士鹏. 公共精神培育与社会责任建构——学习伟大抗疫精神启思［J］. 中国特色社会主义研究，2020（Z1）.

论中，并通过引导舆论的方法来引导学生群体的思想导向，以提高其公共精神水平的方法。在日常生活中，社会舆论总能影响着同学们的言行举动，蕴含价值观的社会舆论更能左右他们的思想动态，引导着他们的价值选择。随着社会传播媒体技术的突飞猛进，舆论引导法的作用更加凸显，也给公共精神培育带来新的表现形式。首先，教育主体的权威被进一步打破，教育者的发声筒角色被社会舆论所隐藏，一方面能够推动教育者与受教育者双方平等关系的建立，改变了过去教育者说什么都对、说什么都要听的高高在上的刻板印象；另一方面也在削弱教育者的话语权威，导致教育者的教育角色弱化，可能会失去对舆论的控制，造成不良后果。其次，借助于传播媒介与互联网，社会舆论的传播范围更广、影响力更大，并且逐渐呈现出层次化、分众化趋势。不同的群体借助不同的获取信息的途径聚合在一起，彼此之间基于兴趣爱好或共同价值并通过信息共享与交流组成一种稳定的信息共同体，借由共同体的力量进行着群体的活动，活动的影响力越大，则大众关注度与参与度越提升，QQ 群与微信群即最好的说明。最后，舆论由社会各群体引起，又影响着社会群体，舆论传播改变了过去信息传递的单一性和单向性，使其开始朝着多元性和交互性发展，个体之间的交往方式得以革新。这也决定了社会主流发声渠道更为注重品牌建设，更加注重舆论引导方法的应用，以正向积极的形象回应舆论，以坚实有力的理据回答问题，形成良好的公共精神导向。

榜样，指的是具有先锋示范作用，蕴含着高尚情操和优秀品质，能把时代精神、道德规范在现实中践行的典型人物。“榜样体现了一种理想人格，任何一个社会都需要理想人格作为人们的道德指引和奋斗目标。”[1] 榜样教育法，是指在公共精神培育过程中，利用典型的人、物、事进行示范宣传，引导大学生向这些典型学习的方法。这种示范教育对青年学生并没有强迫感，而是依靠先进人物自身的人格魅力、先进事迹自带的吸引力，给学生带来愉悦体验。以大学生群体产生情感共鸣为起点，通过全社会的榜样宣传，营造在公共生活中积极向上的社会氛围，使学生们受到潜移默

[1] 柳礼泉，庄勤早．弘扬榜样文化与培育友善价值观论析［J］．学术论坛，2019，42（3）．

化的影响，逐渐向榜样靠拢。榜样教育一般指向正面典型教育。顾名思义，正面典型教育就是把典型人物的先进事迹进行宣传，塑造其光辉形象以供公众学习、效仿，最终使榜样的行为在社会普遍流行。与榜样教育相对应的教育方式，即负面典型教育，则是通过对社会和人民具有负面效应的人进行揭露，如损害公共财物、违反社会公德甚至危害国家公共安全等，引导学生树立正确的是非价值观，警示学生懂得分辨善恶，并与此类人和事作坚决斗争。榜样教育法是公共精神培育的有效方法，作为面向公众的榜样人物，其本身必然具有较高的公共精神，必然具有以集体利益为重、为民众谋利益、舍己为人等美好公共道德品质，对榜样进行宣传，即对榜样身上所具有的公共精神进行表彰宣扬，对民众具有正向引导作用。实施榜样教育法，要善于发现生活中的榜样，选取合适、真实的榜样，榜样的行为须具有真实性才能得到民众自发的认同与崇拜，让诚信的榜样讲诚信，让爱国的榜样讲爱国，让有公德的榜样讲公德，如此才能真正发挥榜样的示范引领作用。此外，榜样的宣传必须分清正面与负面，在发挥正面典型的先锋带头作用的同时，也要警惕负面典型对人们产生的负面影响，对负面典型的错误之处要讲得足够清晰彻底，才能对学生起到劝阻作用。

第三节　当代大学生公共精神培育的保障

大学生公共精神培育是一项具有长期性与系统性的教育实践，为确保此项实践任务能够顺利完成并持续进行，必要的保障是不可缺少的。形成大学生公共精神培育的全面保障，则需要多方面协同发力，构建以资源保障为基础、思想保障为方向、制度保障为关键的覆盖大学生公共精神培育全过程、各方位的保障体系。当前我国在大学生公共精神培育的保障方面做得仍不尽如人意，探索在新时代下如何做好大学生公共精神培育的保障工作，对于大学生公共精神培育稳定有效的开展具有重要意义。

一、提供有效资源保障以夯实培育基础

当前我国高校在开展大学生公共精神培育中缺乏一定的资源支持与保

障，在环境塑造方面仍缺乏系统性考虑。应通过经费投入与设施建设加大公共精神培育的经济投入，通过系统性的环境塑造及有针对性的氛围营造，对大学生公共精神培育提供有形与隐性资源保障。

（一）有形资源支持

马克思认为，经济基础决定上层建筑，观念的、政治的上层建筑都是为了满足社会经济发展的需要。同样地，当代大学生公共精神培育作为观念形式的上层建筑，其运行与发展也必然依赖于一定的经济基础。资金、设施和场所作为主要的经济条件，保障了大学生公共精神培育的顺利开展。缺乏一定经济条件的支持，仅仅停留在宣传式的口头支持，大学生公共精神培育就不可能落实、落地。

首先，资金投入与经费支持。所谓“三军未动，粮草先行”，资金与经费的投入是大学生公共精神培育的先行条件。高校作为大学生公共精神培育的前沿阵地，其自然应该肩负起大学生公共精神培育资金投入的主要部分。为了确保大学生公共精神培育的顺利开展，高校主管部门应该单独将大学生公共精神培育工作方面所需要的资金加入经费预算，并通过每年的稳定投入来确保大学生公共精神培育的持续开展。其一，投入经费支持教师队伍的培训与发展。资助相关师资参与会议、论坛交流，参加专业化培训。其二，投入经费支持校园公共实践活动。大学生公共精神培育落脚于实践活动的开展，加大相应经费的投入，举办贴近学生实际、生活的喜闻乐见的活动，才能使学生有所参与、有所付出、有所感悟。其三，投入经费打造公共精神相关精品课程的建设及相应图书资料的购置。公共精神的培育需要人力、物力的长期投入，相关配套经费的支持须得到足够重视：一是高校应建立起公共精神培育长效的资金投入机制，确保资金链的完整；二是要进一步完善经费预算，规划好高校发展的预算，为公共精神的培育制定合理的经费比例，并且督促相关部门负责保证经费的使用落到实处；三是相关政府部门应该关注大学生公共精神培育的相关问题，通过为高校公共精神培育工作提供专项资金或特殊补贴，为高校提供资金援助，减缓高校经费压力。

其次，设备设施投入与场所空间构建。无论哪种活动的开展，皆需要一定的设备设施投入与场所空间，大学生公共精神培育工作也不例外。作为基本的物质准备与空间保障，设备设施与场所的投入为公共精神培育提供了硬件资源的保障。一方面，随着现代化进程的不断加快，教育模式和教育手段的不断更新以及大学生思想内容的变迁，大学生公共精神培育载体也在不断丰富，不仅包含传统的课堂教学与讲座报告，也增加了丰富多样的社团活动与实践活动。除了日常所需的办公用品、教学文具，类似于照相机、打印机、无人机等设备也在发挥积极的作用。此类设备的投入使用，不仅活跃了公共精神培育方式，更柔化了培育方法，是新形势下提升教育效果的重要支出。另一方面，公共精神培育最终指向社会层面，过去传统的以理论灌输为主的课堂教学已难以适应当代大学生成长成才的需要。因此，大学生公共实践基地与培训基地的建设必须提上日程，各种规模的会议室和报告厅的大型场地建设也须跟上进度。只有为大学生公共精神实践活动提供充足的设备设施与合适的场所，才能为公共精神培育提供活动基础与渠道保障。

（二）隐性资源保障

“环境”是指围绕人类生存和发展的各种外部条件和要素的总体，一般分为自然环境和社会环境。马克思认为：“人的本质不是单个人所固有的抽象物，在其现实性上，它是一切社会关系的总和。”❶ 人们总是生活在一定环境之中，其思想和行为必然受环境影响，同时人出于自身发展的需要也能动地改造着环境。大学生群体也不例外，在其生活和学习的过程中，同样受到各种环境的复杂影响。所以，大学生公共精神培育离不开隐性的环境资源保障，而其中最具代表性的则有校园文化环境与网络舆论环境。

首先，打造优秀的校园环境资源。校园环境对青年学生的认知有潜移默化的作用，其质量如何将直接影响大学生的公共精神面貌。在社会生活中，每个人都无一例外地受到文化环境持久而深远的影响，人们的思想观念与活动也受到文化环境的熏陶，展现出丰富的内容。校园文化环境是指

---

❶ 马克思恩格斯文集：第1卷［M］. 北京：人民出版社，2009：501.

在学校共同生活和学习的师生群体及教职员工经过长期的相互交流与接触形成的各种文化因素的总和，可分为物质文化环境、制度文化环境与精神文化环境。校园文化环境与大学生的思想状态紧密关联，优秀的校园文化可为公共精神培育提供隐性资源保障。物质文化环境向大学生传递着大学校园的古朴气息与历史厚重感，在此肃敬的环境中，学生自然而然对公共环境爱护有加。制度文化环境层面，高校建构各类体制机制，在校园治理等公共事务中保证学生的公共参与权利与自主参与过程。精神文化环境层面，在大学理念、大学精神、校风中弘扬勤学进取之风、团结友爱之风，将公共责任、乐于奉献融入校园精神文化建设之中。总体来说，其一，校园文化环境能够凝聚大学生群体的价值共识。高校通过举办丰富的校园文化活动及建设多种形式的校园文化设施传递着公共责任等核心价值观念，学生群体因生活在同一背景下，受到共同价值观的影响，他们之间较容易达成价值共识。其二，校园文化环境能够凝聚大学生群体的情感共识，在校园公共生活中养成为集体出力、关怀社会的情感。其三，校园文化环境对大学生精神人格具有积极塑造作用。校园文化作为精神力量的文化观念，在很大程度上塑造着大学生独立的精神气质，由此也就与大学生的公共精神相关联。在积极向上、团结合作的校园文化的氤氲下，大学生群体胸怀大爱，以热情饱满、斗志昂扬的精神状态投身于中国特色社会主义现代化强国实践。

其次，打造网络舆论环境资源。网络环境打破了传统时空约束，拓展了青年学生参与公共事务的空间路径。信息技术的发展与互联网的普及，为大学生公共精神的培育提供了更大的公共空间和表现舞台。2021 年 2 月，中国互联网络信息中心（CNNIC）在北京发布的第 47 次《中国互联网络发展状况统计报告》指出："截至 2020 年 12 月，我国网民规模达 9.89 亿，较 2020 年 3 月增长 8540 万，互联网普及率达 70.4%。2020 年，我国互联网行业在抵御新冠肺炎疫情和疫情常态化防控等方面发挥了积极作用，为我国成为全球唯一实现经济正增长的主要经济体、国内生产总值（GDP）首度突破百万亿、圆满完成脱贫攻坚任务作出了重要贡献。"❶ 网络信息技术打

❶ 第 47 次《中国互联网络发展状况统计报告》发布［J］. 中国广播，2021（4）.

破了民众传统的交流方式，拓展了信息交流的途径。网络媒体的运用促使大学生更加积极地融入社会公共生活之中，与他人开展友好的交流对话，进行沟通与合作，在认识他人的同时也在不断加深对自我的认识，拓宽了生活视角，开始关注公共事务。互联网的开放性使大学生在网络空间拥有更大的自由，网络空间的自由平等，让大学生拥有在网络空间进行公众表达的机会，彻底激发了大学生对社会公共事务的参与热情。

但网络空间在为提升大学生公共道德素质提供实践路径与平台的同时，也带来了一定的潜在风险。以美国为首的西方发达国家利用先发优势，尤其是信息技术优势，不断在网络上进行意识形态渗透，或是散布关于我国的不实言论，或是歪曲事实，企图妖魔化中国。若大学生在网上长期受到"西方中心论"及多元社会思潮的冲突影响，久而久之会迷失正确的思想方向，失去独立思考的能力。由此，打造网络舆论环境资源，保障高校公共精神培育的高效开展，加强对西方意识形态渗透的警惕，关注大学生的网络空间安全问题，营造风清气正的网络空间对于大学生公共精神生成与发展起到关键性作用。

二、加强思想文化保障以锚定培育方向

现代公共精神的培育本质是价值观念的培育，而价值观念的培育离不开社会思想文化的影响。大学生身处中西文化碰撞、传统文化与现代文化交融的时代，其思想受到各种思想文化的影响，应通过公民意识培育，以社会主义先进文化为引领，为大学生公共精神培育提供思想保障。

（一）公民意识筑牢思想保障

公民意识为大学生公共精神培育提供了思想保障。关于"公民"一词，在历史上曾经有过不同解释，学界流行观点认为"公民"最早来源于古希腊雅典时期，依据词源学考究亚里士多德的《政治学》和《尼各马可伦理学》发现，"公民"（polites）来源于古希腊"城邦"（polis）一词，原意是

“属于城邦的人”，即城邦是公民公共生活的土壤，公民则是城邦的主人。❶而在现代，“公民”被诠释为具有一国国籍的人。我国宪法规定：“凡具有中华人民共和国国籍的人都是中华人民共和国公民。中华人民共和国公民在法律面前一律平等。”❷ 公民意识是社会发展的必然要求，“不仅是一个凸显公民价值与权利的民主社会，更应该是一个倡导公民参与意识、责任意识的社会”❸。因此，培育公共精神离不开社会主义公民意识的支持，我们应从各方面强化公民意识教育，为公共精神培育提供思想前提。

首先，现代公民教育强化了公民意识，使大学生群体逐渐养成独立人格精神与社会参与意识。现代公民教育之中逐渐萌发了公民意识，促发了公共精神，而且作为社会教化的手段，不断加强和改进着公共精神培育工作。

其次，公民文化涵养了公民意识，为公共精神培育提供思想保障。伴随着社会现代化，大学生开始以公民身份参与社会公共生活，在此过程中诞生并涵养了公民文化。公民文化作为大学生公共精神培育的重要文化因素，支持大学生参与社会公共生活并对政府进行监督，为其参与公共生活提供价值依据，培育其公共道德与政治情感。公民文化强调法治精神，青年学生接受法治观念的教育，自觉遵守法律规范，培养了其规则意识。公民文化强调公共理性，大学生在参与公共事务管理的过程中锻炼了自身的理性判断能力，学会了理性分析，具备独立思考的能力与理性精神。公民文化以潜移默化的方式影响着大学生的思想行为，通过公民文化建设和营造公民文化氛围，大学生的独立意识、法律意识与规则意识得到提升，为公共精神的培育打下了牢固思想基础。

最后，公民文化涵育并提高了大学生的公民素质，促进其公共精神的养成。公民文化对大学生的公民认知、公民理性和公民人格等公民素质方

---

❶ 敖洁，艾楚君. 公共精神：大学生公民教育的价值依归［J］. 湖南师范大学教育科学学报，2016，15（6）.

❷ 夏征农，陈至立. 辞海（第六版彩图本）［M］. 上海：上海辞书出版社，2009：720.

❸ 袁祖社. “公共性”信念的养成：“和谐社会”的实践哲学基础及其人文价值追求［J］. 陕西师范大学学报（哲学社会科学版），2006，35（3）.

面均有重要的培养作用，通过对大学生进行公民文化的涵养，最终能达到培育大学生公共精神的目的。

在我国公民文化的熏陶下，大学生的公民素质有了新的发展。要保持良好教育态势，在今后工作中需要继续坚持以学生为本，结合青年实际特点，强化文化涵育工作。

（二）社会主义先进文化提供文化保障

习近平在庆祝中国共产党成立95周年大会上的讲话中谈到文化自信时指出："在5000多年文明发展中孕育的中华优秀传统文化，在党和人民伟大斗争中孕育的革命文化和社会主义先进文化，积淀着中华民族最深层的精神追求，代表着中华民族独特的精神标识。"[1] 在新时代中国，发展社会主义先进文化就是坚持马克思主义指导，立足于中国实际，发展面向现代化、面向世界、面向未来的，民族的科学的大众的社会主义文化。社会主义先进文化的传播与认同程度，影响着学生群体的公共价值导向，关乎社会主义事业是否后继有人。当代大学生公共精神培育作为一种有目的有计划有组织并与社会价值取向和发展方向相关的实践活动，与社会文化存在密切联系。为此，我们有必要进一步增强大学生对社会主义先进文化的认同与了解，为社会主义培养人，用社会主义先进文化培养具有独立人格精神，关心公共事务、关注公共利益，爱党、爱国的时代青年。

首先，社会主义先进文化引领大学生公共精神培育的价值导向。"每一种文化发展的核心要素，就是这种文化背后的价值观念。"[2] 伴随着市场经济的发展及不良社会思潮如个人主义、拜金主义等的传入，大学生的思想状况逐渐变得复杂多元，开始催生出各种不良思想倾向，价值观念也呈现出负面形态。私利与公利关系的混淆造成对个人利益的强调和对集体利益的忽视，权力与权利关系的误解容易导致从对个人权利的诉求转变为对政

---

[1] 习近平. 在庆祝中国共产党成立95周年大会上的讲话 [N]. 人民日报，2016-07-02 (002).

[2] 蒋艳. 社会主义先进文化与社会主义核心价值观的共同属性论 [J]. 思想教育研究，2019 (1).

治权力的迷恋，权力成为个人谋利的工具。社会成员如果只考虑到自己的利益，以谋取个人利益作为参与社会公共事务的唯一动机，则会阻碍社会的正常发展。对正处于从自我认知走向社会认知的关键点的大学生群体而言，其容易存在自我意识膨胀和对公共社会理解较弱的情况，主要表现为误解自由的本义，转而我行我素，强调绝对的自由；自我反省不足，自我认知不够清晰明确，自我评价不够合理客观。基于以上情况，高校公共精神培育的价值导向极为重要，文化熏染极为需要。为此，发挥社会主义先进文化的价值引领作用，确立以公共利益和整体利益为依归的价值取向，才能真正使大学生公共精神生成与发展。

其次，社会主义先进文化指明大学生公共精神培育的发展方向。“判断文化是否先进，除了科学性外，还需要符合价值合理性，即符合大多数人的现实需求与利益。以工具理性与价值理性双重标准来看，中国要建设的先进文化，既是继承新民主主义文化民族性、科学性、民主性、包容性与开放性的要求，又是与时俱进符合时代精神、人民精神需求的中华民族的新文化。”❶ 而社会主义先进文化代表我国最深层次的文化力量，其不仅符合人类社会发展的方向，还能够促进社会主义生产力的发展、社会主义和谐社会的进步与人的解放。以社会主义先进文化涵养公共精神，意味着通过大力弘扬和发展社会主义先进文化，倡导民主、平等的公共性理念及科学、法治的公共性诉求，为公共精神培育提供充足的养分。作为社会主义先进文化建设的根本任务，培育有理想、有道德、有文化、有纪律的社会主义“四有”公民为当代大学生公共精神培育提出目标要求并指明发展方向。

三、完善制度法规保障以顺应时代要求

“制度指的是要求成员共同遵守的办事规程或行动准则和一定历史条件下形成的政治、经济、文化等各方面的体系。”❷ 制度作为一种约束人的力

❶ 王中汝．社会主义核心价值观与当代中国的文化发展［J］．科学社会主义，2010，（6）．

❷ 张清源．现代汉语常用词词典［M］．成都：四川人民出版社，1992：520.

量，是人们进行是非判断的标准，准确地告诉人们什么可以做，什么不可以做，是人们必须遵守、不得违反的行为准则。毛泽东同志指出："人是生活在制度中的，同样是那些人，施行这种制度，人们就不积极，敲锣打鼓，积极性也提不起来；施行另外一种制度，人们就积极起来了。"❶ 同理，大学生公共精神培育的成果离不开完善的制度法规的保障。

（一）国家法律规范

古希腊思想家亚里士多德提出，"法治应包含两重意义：已成立的法律获得普遍的服从，而大家所服从的法律又应该本身是制定得良好的法律"❷。法律是建立在尊重自由和人权的基础上，法律面前人人平等，任何个人、团体和组织都没有超越法律的特权。在法律的范围内，每个人都享有平等的权利和平等地承担义务。作为公共性的规则，法律法规与公共精神紧密相关。

首先，公共精神的弘扬离不开健全的法律体系，完善的法律将为大学生公共精神的培育提供完善的制度保障。法律的最终目的是实现自由，最大限度地保护人们的自由平等，这是公共精神的重要前提；法律的制定动机及其本身的内容体现善良正义，法律本身即附有社会所要求的价值观念及道德品质，包括民主、自由、平等、公正等，其本身也代表着国家对公共性的要求；法律有严格的执行程序，要求公正和平等，法律以保护所有人的权利为特征，保障了公共精神的实现。

其次，完善公共精神培育的法律法规能够为大学生提供行为准则。守法是每个公民的义务，法律法规是公民必须遵守的基本准则。仅仅依靠道德原则而不依靠法律强制力来规范人们的行为是难以为继的。对不文明的行为和危及社会公共生活安全的行为，必须通过法律法规进行严格限制。法律法规本质上是对多元社会利益的调节工具，其本身也带有一定的价值导向。"任何社会要使其主流价值理念得到广泛认同并保持稳定性、持续

---

❶ 薄一波．若干重大决策与事件的回顾：下卷［M］．修订本．北京：人民出版社，1997：809.

❷ 亚里士多德．政治学［M］．吴寿彭，译．北京：商务印书馆，1965：167.

性，都必须通过国家的法律法规和方针政策对核心价值的基本精神加以规约和体现。”[1] 因此，根据大学生的行为特点，制定和完善一整套相关的法律法规，并通过法律法规对大学生的行为进行调控，一定程度上能够更规范学生群体的公共行为。

最后，法律法规完善的过程伴随着大学生公共精神的不断提升。法律法规虽然具有相对稳定性，但不是永恒不变的，事实上，法律法规一般经历着从无到有和从有到完善的发展过程。法律法规的逐渐完善说明大学生参与社会公共事务的行为逐渐增多，需要更为健全的法律法规来保障其权利，促使其公共参与行为合理、合规、合法。

（二）高校校规校纪

所谓“无规矩不成方圆”，为规范高校学生的日常行为，保证学校正常的教学与生活公共秩序，保护学生的合法权益，维护校园稳定，培养德智体美劳全面发展的社会主义建设者和接班人，教育部于 2017 年 2 月 4 日发布了《普通高等学校学生管理规定》。一般各高校根据《普通高等学校学生管理规定》的总体指导与主要规定，制定符合学校、学生实际的相关管理规定与实施细则。高校校规校纪作为学校规范校内学生及相关人员行为，协调各部门工作，依据本校实际情况及组织安排制定的校一级的规章制度，其制定和实施是受到法律保障，具有法律效力的。高校校规作为大学生日常行为的准则，对大学生在校的行为和活动具有规范与引导作用。校规校纪对大学生公共精神培育的制度保障作用主要体现在：一是对大学生思想行为的引导和评价作用。高校校规通过确定某种行为所导致的后果来确定该行为是否被允许及是否需要被奖励或惩罚。根据校规，大学生必须对自己的行为负责，承担相应的责任，由此便培养了学生的规则与责任意识。作为一般行为规范，校规的存在为学生的行为制定了可量化的评价标准。学生可以通过校规来审视自身与他人的行为，通过对比查看自己的行为是否符合规范。当然，这种评价标准作为客观性的评价，在实际运行中对学

[1] 潘玉腾，陈赵阳．推进社会主义核心价值体系大众化的路径选择［J］．福建师范大学学报（哲学社会科学版），2009（1）．

生行为的评价可能存在不够全面的现象，但就其对特定行为的评判上，展现出较高的效率。二是对大学生的教化作用。一定的规范必然附带一定的价值取向，校规校纪也不例外。通过向学生传递公共价值，校规校纪能够使学生更加关注公共利益，避免学生因为私人利益而损害他者、集体利益。同时，校规制定过程中的民主原则及校规实行过程中的人本原则，都会在学生心中埋下民主参与意识的种子，促进学生独立人格的生成和主动参与学校公共事务的理念。三是对学生的管理作用。我国高校校规在学生管理工作中发挥着积极作用，学生在接受管理的同时，其自身的主体意识也在不断觉醒，开始从管理者的角度思考并逐渐参与到自我管理中。

总而言之，校规校纪作为具有约束力的行为规范，比起课堂教学这种柔性的方式，在公共精神培育中有着特殊的地位。就现实而言，仍须继续加强校规校纪的科学化、合理化建设，完善高校校规制度。此外，为避免校规校纪形同虚设，真正落实与发挥其教化作用，要保证校规校纪的权威性与稳定性，以期纠正大学生不良思想行为，使其自觉树立起公共规则与责任意识，为大学生公共精神培育提供制度保障与支持。

第六章　当代大学生公共精神培育的现实路径

习近平总书记提出："青年兴则国家兴，青年强则国家强。青年一代有理想、有本领、有担当，国家就有前途，民族就有希望。中国梦是历史的、现实的，也是未来的；是我们这一代的，更是青年一代的。"❶ 青年大学生因其特殊社会角色，对公共精神的需要更加强烈，对高校德育工作创新性有着新要求。公共精神的价值在于社会生活中的公民对公共领域存在的公共秩序和公共道德产生一种积极的自觉认同与自觉践行，最终以公共精神作为指导自身处理公共事务的准则。大学生作为公共生活中最富朝气和最具活力的群体之一，他们对于公共事务的参与度、认可度和关怀度，很大程度上影响着社会主义核心价值观的践行和社会主义和谐社会的实现。在新的历史条件下，如何针对"95后"大学生思想变化的新特点，培育新时代大学生的公共精神就显得至关重要。培育大学生公共精神是一项复杂的系统工程，高校必须多管齐下、综合施策，为公共精神培育与弘扬提供优良环境、实践土壤，打通理性认知通往公共实践的"最后一公里"。

第一节　立足于高校德育的完善

公共精神并非天然存在，需要科学理论的灌输与接续实践的养成。"我们强调学校教育、育人为本，德智体美、德育为先，就是说高校要成为锻

---

❶ 习近平. 决胜全面建成小康社会　夺取新时代中国特色社会主义伟大胜利——在中国共产党第十九次全国代表大会上的报告［M］. 北京：人民出版社，2017：70.

造优秀青年的大熔炉。”❶ 高校德育是大学生公共精神培育的主要途径，是大学生思想意识塑造和公共精神培养的必要环节。我们要守住思政工作“生命线”，把握高校德育“大格局”，复归高校德育应有地位，真正确立其科学体系，着力解决一直以来教育指挥棒的“老大难”问题。应全面贯彻落实高校立德树人核心任务，把握“95后”大学生特点，增强“主渠道”教育实效；充实德育内容，契合大学生公共精神核心要素；强化自我教育，养成个体理性；正视多元冲突，培育公共理性等，促进高校德育纵深式发展、广泛性施效，充分发挥高校德育的重要功能，强化立德树人实效。

一、提升公共精神认知水平，增强“主渠道”教育实效

随着社会主义现代化强国实践的深入推进，青年大学生作为未来的主力军和突击队，必然对公共精神的需要更加迫切。大学生公共精神教育必须进课堂、进头脑、进人心，高校应切实把公共精神列为思想政治教育的重要内容，着力把公共精神基本内容细化至思政课程与课程思政之中，遵循学生的身心发展规律与公共精神培育规律，健全培育引导体制机制，加强教师公共精神素养，提升协同育人、合力育人实效，构建大学生对公共精神的科学认知体系。

（一）把握“95后”大学生思想特点，提升公共精神教育的吸引力

“高校思想政治工作关系高校培养什么样的人、如何培养人以及为谁培养人这个根本问题。”❷ 要培养人，了解我们的教育对象是前提。“95后”大学生成长于物质丰富、文化多元、通信发达的信息时代，其人际交往与实践方式均有自身特点，如主体意识强烈、价值选择多样，思想活跃度强、易接受新鲜事物，心态更加包容、接纳不同观点事物。高校加强公共精神教育的吸引力，必须充分考虑青年学生思想特点与所思所想所求，维护好、实现好其根本权益，从而提升他们对公共精神培育的认同度，抵消被动情

---

❶ 中共中央文献研究室. 习近平关于青少年和共青团工作论述摘编［M］. 北京：中央文献出版社，2017：39.

❷ 习近平. 习近平谈治国理政：第2卷［M］. 北京：外文出版社，2017：376.

绪与心态带来的不利影响，从根本上保障教育效果。只有从内心接纳公共精神，认可公共精神培育的社会价值与个人价值，了解公共精神对于社会进步与个人全面发展的重要地位，认清自身的社会责任与扮演的社会角色，方能在眼前利益与长远利益、个人利益与公共利益的关系中平衡自身的公共实践。2020 年我国全面建成小康社会，2035 年基本实现社会主义现代化和 2050 年建成社会主义现代化强国奋斗目标，三个重要的时间节点对应了“95 后”的青少年、青壮年及中年的三个重要人生阶段。毋庸置疑，“95 后”在未来建设社会主义现代化事业的历史征程中，必将成为不可或缺的中坚力量。因此，了解和把握“95 后”的思维方式、认知情感与实践方式等特点，合理、正确地引导当代大学生的价值取向，使其成为坚定的新时代社会主义事业建设者和接班人，对实现中华民族伟大复兴具有长远意义。

“95 后”大学生有较强的自我意识，有较高的文化道德素养，大都奉行独立自由的原则，这正是公共精神形成的基础条件。目前部分高校德育教育者在一定程度上视受教育者为被动的“美德袋”，采取居高临下的单向传导方式，习惯于用过高标准和统一目标教育和要求学生，忽视了学生自身的需要；而且缺乏师生的沟通和互动，缺乏学生的体验和反思，在很大程度上窒息了学生的自主性和创造性。❶ 如采用上述传统德育模式，就会与学生的个性发展相抵触，限制其主体性延展，继而扼杀了其公共精神形成的良好条件。教育者要做的是启发引导受教育者，加强师生联动，使其由“要我学”转变为“我要学”。由此，针对大学生道德品格发展规律的特点，高校要柔化行之有效的方式方法。鉴于我国现在的基础教育对学生的公共精神关注不够，大中小学的教育还存在衔接不畅、内容不恰、方式不通的问题，当前大学生公共精神培育仍有较大的发展空间与生长潜力。大学急缺这门教育，大学生要补公共精神教育这门课程，重塑全方位的教育教学模式势在必行。

因此，作为大学生受教育的主要场所，高校要结合当代大学生身心发展的特点与成长规律，为大学生提供健全独立人格和表达自由思想的平台，

---

❶ 余世锋. 高校德育学生主体性的思考 [J]. 湖北经济学院学报（人文社会科学版），2010（3）.

推进高校公共精神教育体制改革。在强调以学生为本、尊重其主体地位时，既要避免一概否定的“灌输”“规范化”教育形式，又要加强教育者引导作用和责任意识，激发大学生参与公共生活的热情，提高公共参与能力，防止学生极端化发展。只有这种德育才能培养合格的公民，才会培养大学生公共精神形成的重要前提——独立人格精神。

（二）推进公共精神进课堂，合理设置相关课程

高校作为落实“立德树人”任务的主要实施者、组织者，设置公民教育、公共精神培育等课程，使学生系统了解相关理论，明晰公共精神核心内容以及正确参与公共事务方式，增强大学生自觉融入公共生活的参与度，并在把握好权利与义务相统一关系，形成正确的关于公共精神的认识与实践的过程中，发挥公共精神的积极作用。中国特色社会主义进入了新的历史发展阶段，青少年尤其是大学生肩负着传承现代社会发展，实现中国百年梦想的时代重任。但经了解和调查研究发现，国内极少有高校开设专门的公共精神培育课程，大都零星散布于思想政治教育课程或公益理论实践课程之中，这就难以满足大学生公共精神培育的突破和创新要求。未实现高校公共精神培育的课程化，学生就很难做到对公共精神的真正信仰、广泛传播与积极践行，和谐校园与稳定社会的精神动力因素就会被部分消解，培育当代大学生公共精神目标从而无法实现。因此，将公共精神相关理论纳入高校的思想政治教育课程体系，实现其课程化、学分化，不失为一项有效举措。

公共精神课程要教育和引导大学生尊重人、理解人、关心人，并深刻理解民主法治精神、公平正义精神及诚信互助、包容友爱理念的科学内涵。面对自我与他者、集体的关系时，有我无他、以自我为中心的倾向必然会导致对他人利益和公共利益的漠视甚至损害，继而导致社会关系的紧张、人际关系的淡漠，公共精神得以形成的良好社会环境就难以保障。作为主管高等教育的有关部门，在制定高校公共精神培育指导性文件中要明确公共精神教育的指导思想、教育原则、培养目标和课程评价，使高校和授课主体在课程规划和课程建设时有的放矢、落地落实。公共精神培育过程中，

应有计划、有目的地融入人才培养方案，做到思政教学与公共精神培育有机结合，在制订公共精神课程的相关计划时，要合理设置课程教学内容，将公共精神的真正内涵渗透到日常校园文化、校园精神与校园各项活动中去，应根据当前学生认知水平，根据社会时代发展需要，遵循学生个人品德成长规律，丰富教学情景体验感受，促进大学生在课程内容中实现情感、认知的统一，在日常教学中提升学生“德性”修养；公共精神课程的授课教师在进行课堂活动时，应该充分考虑到大学生对于公共精神的接受程度和了解程度，优化教育方式方法，由表及里、由易到难，深入持续引导学生关注公共事件，参与公共实践，增强公共精神课程的吸引力。

（三）提高教师公共精神素养，发挥示范效应

公共精神具有辐射性特征，会在不同个体之间发散、辐射。基于大学生的向师性特点，高校教师的言行也会成为学生们效仿的对象。教师作为教书育人的教育主体，对学生具有较大的影响力和号召力。教师要在培育大学生公共精神方面做好表率、以身作则，要具有责任意识、独立精神意识和正确的人生态度与处事原则，这样，在长期的教学实践中，无疑对当代大学生公共精神的培育产生潜移默化的深远影响。因此，作为高校的授课教师，在完成基本的专业知识和增强学校教学质量的同时，教师的思想政治素质也要纳入考核范围。要真正让教师成为“言传身教”的传播者，让大学生在日常点滴生活中培养社会公德意识、对公共事务的关怀意识和强烈的社会责任感。在日常的课程教学活动中，授课教师往往处于主导地位，起主导作用。公共精神课程的授课教师作为公共精神内涵的“传道授业解惑者”，对学生公共精神的塑造起着至关重要的作用。因此，高校设立公共精神相关课程时，应着重关注授课教师的德育意识，将教师的德育意识考察与培养纳入日常教学计划培养方案中，在实践教学中树立教师“立德树人”的教学使命，始终做到育人与教学紧密相连。提高教师的公共责任感，提升其自身素养，才会增强公共精神培育的说服力和感染力。以积极的公共精神面貌面对学生，才会为学生作出表率，培养具有公共精神的学生。相反，一个没有公德心、没有责任感的高校教师，在教育中只会使

学生产生现实与教育的严重错位，会对学生的公共精神教育产生负面影响。作为大学生最直接、最生动的榜样，高校教师要以其渊博的公共知识储备和开阔的育人视野实现大学生公共精神的逐渐养成。高校教师不仅要严于律人，更要严于律己、提升自我，以其高尚的情操感染人、激励人，促进学生公共道德、公共关怀的养成。

二、充实德育内容，契合大学生公共精神核心要素

社会在进步，时代在发展，人们的素质实时提高，反映人的发展需求和社会发展需要的思想政治教育内容也要不断更新和发展。同理，要完成大学生公共精神培育任务，就必须充实德育具体内容，使大学生公共精神核心要素融入德育内容体系。如此才能促进大学生独立人格精神的确立、公共责任意识的提升及公共服务意识的觉醒。具体来说，应做到以下两点。

（一）结合大学生公共精神特点，完善德育内容体系

前文详细透视了当代大学生公共精神的现实状况：主体意识较强，独立人格意识一定程度被弱化；价值判断理想化，有失客观全面；权利意识的认知较强，行使意愿相对较低；关注公共事件，政治参与热情不高；广泛参与课堂教学活动和校园学生事务，带有一定功利性；生态环保意识较强，但未落到实处；爱国爱校情感强烈，理性行为尚须引导；合作意识较强，缺乏包容胸怀；自制自律精神表现不佳等。这些特征为高校德育内容更新提供了现实依据。

德育工作是学校工作的灵魂，致力于对学生思想品德和人格素质的培养，体现着学校教育的基本遵循，贯穿于德、智、体、美、劳教育实践的各个方面，对青少年学生尤其是当代大学生的健康成长起着导向、动力和保证的作用。从政治教育的内容上来看，必须充实积极的政治参与意识和构建社会主义和谐社会的教育。和谐社会的实现、有序的政治参与和大学生公共精神密不可分，只有引导大学生树立和谐的理念和有序的精神，才能促进公共领域的安宁和公共生活的稳定。从思想教育的内容上来看，随着全球化进程的加快和知识经济的发展，必须大力加强独立人格、理性价

值判断能力、爱国爱校意识的培养，使大学生的思想观念与思维方式适应全球化和知识经济的发展需要，促使其个体理性向公共理性转变。从道德教育的内容上来看，随着公共空间的拓展和公共交往的频繁，要着力培养与公共生活秩序相适应的道德观念和道德规范，引导大学生正确认识和处理公共利益和个人利益、意识和行为、自律和他律、竞争与合作、个人价值与社会价值、道德与法律等关系。要努力形成把国家和人民利益放在首位而又充分尊重公民个人合法权益的社会主义义利观。❶

（二）基于科学内涵的界定，明确合理的公共精神

我国市场经济体制的日益完善和改革开放的不断深入，在促进现代人关于人的社会性本质与个性化特点认识得以深化的同时，也促使社会结构面临着新的社会转型。公共生活领域的逐渐拓展，互联网社会信息获取的便捷，使当代大学生对于公共精神的关注度日益提升，公共精神正在逐渐成为现代社会中人人必须秉承的人性价值和道德情操。因此，独立人格精神、公共参与精神、公共责任意识和公共规则意识正在重塑现代公共精神的合理内核。

首先，合理的公共精神依靠民众的独立人格精神。社会主义市场经济条件下，人们仅仅对义务的履行不能称为公民的公共精神，只有法律明确了对权利的规定与保护，才使公共精神真正生发。新时代社会发展过程中，每当人们的合理权利受到损害，尤其是涉及一些社会化公共行为有损于个体的切身利益时，他们往往拿起法律武器维护自身权益，这就是独立人格精神的突出表现。因此，高校公共精神培育，要始终坚持“以人为本”“以生为本”，始终以实现大学生群体的最大公共利益为目标，促进其独立意识的不断觉醒与发展。其次，合理的公共精神依靠民众的公共责任意识。作为公共生活中的社会公民，既是政府治理公共生活的对象，同时又是公共生活的主体。要培育现代公共精神，作为社会主体应该表现出公共责任意识，自觉关注公共秩序的有序发展，对涉及公共价值、公共利益的事务表

❶ 张耀灿，郑永廷，吴潜涛，等. 现代思想政治教育学［M］. 北京：人民出版社，2006：266.

现出积极的赞同与支持。再次，合理的公共精神依靠民众的公共参与精神。公共精神就其本质来说，是一种公共参与精神。公共社会的正常运转需要每个社会成员对公共活动的积极参与、有效分担。公民参与公共社会的前提就是出于自愿性质，自觉参与现代公共社会的发展与建设。对公民参与精神的培育，不仅维护自身合法权益，更在参与公共事务的治理活动中创造出更大的公共利益。最后，合理的公共精神还要依靠民众的公共规则意识。大学生渴望参与公共事务的管理与治理，但这并不是毫无约束的，它依靠规则意识进行制约。

合理公共精神的本质是通过合作方式，有效地解决集体行动中的困境，如纳粹的大屠杀、美国的黑奴制、南非的人身隔离等都是在“公共利益”名义下，以为数不少人群的集体行动，在公共精神下作出的对另一些大众的伤害。❶ 我们要分辨出这种虚假公共利益，这种行为只是披着公共利益的外衣，侵犯另一集体的利益，其背后并不是合理的、真正意义上的公共精神。因此，在促成大学生公共精神的同时，要辨别合理的公共精神和不合理的公共精神。大学生合理的公共精神主要有两种形式：一是尊重，对普遍利益和原则的理性维护与服从；二是对他人、集体、自然的善意初衷，在区分合理与不合理的公共精神时可将此作为参考标准，以培养学生的理性判断能力。真正的“公共利益”必须符合人类社会的发展进步，而不是局限于一个狭隘的群体。就我国而言，必须有利于中国特色社会主义现代化建设的发展，有利于维护中华民族共同体利益。

三、强化自我教育，养成个体理性

“在马克思主义看来，人们生活其中的现实社会关系（环境）是道德品质形成和发展的根源和外部条件，社会实践是道德品质形成和发展的客观基础，而个人的奋发努力和积极的思想斗争则是道德品质形成和发展的内在条件。”❷ 任何人的思想道德水平的提高都不是凭空产生的，是在内外部

---

❶ 李萍．论公共精神的培养［J］．北京行政学院学报，2004（2）．

❷ 马振清，等．思想道德修养教程［M］．北京：北京工业大学出版社，2002：261．

条件的相互作用下形成的。环境的影响和教育的作用是大学生公共精神养成的外部条件，但归根结底依赖于大学生自身的主观认同及自我教育。

（一）加强自我修养，内化公共道德规范

在价值多元、利益多样的新时代，青年大学生应对自我公民身份有更清晰的认知，突破“自我”狭隘的空间，在整体视域中看待自身价值与社会价值的实现，看待个人与他人、社会的关系。公共精神的自洽生长，离不开当代大学生自我反思、自我教育，他们内心深处认可公共精神价值，才能主动自觉地进入公共领域，进行公共生活。只有将公共精神内化为个人的道德自觉，才能使公共行为的践行成为可能。“所谓自我修养，是指人们在政治、思想、道德以及知识等方面进行自我教育和自我锻炼，以及由此而达到的一定程度和水平。”[1] 主动放弃自我道德修养的人，常常摒弃人生理想，过着对自己和社会不负责任的生活。只有加强自我修养，发挥主动性，自觉学习道德知识，提升自身的道德判断能力，了解并认同道德规范，积极主动地进行道德实践，承担道德责任，履行道德义务，注重反思、改正不良的道德意识和行为，形成良好的道德行为习惯，才能在此基础上逐渐形成高尚的道德品质，走向道德自觉，提升公共精神素质，在成长成才的过程中完善自己。在自我教育过程中，自我省察尤为重要。中国自古就有“吾日三省吾身”“见贤思齐”“慎独”“反求诸己”等类似的内省方法。在封建社会中，这些省察方法是为了使人们主动地用剥削阶级的道德要求和政治原则约束自己、检查自己，以维护统治阶级的利益。随着时代的发展，这些方法中落后、腐朽的思想被剔除，被赋予了科学内容。当代大学生只有采用自我鉴定、自我小结的方法，对自身行为进行审视，对不符合道德规范的做法进行自我反思、自我批评、自我提高，有力剔除违背公共精神的思想，才能提升自身的公共精神素养，修正偏差的公共行为。

---

[1] 教育部社会科学研究与思想政治工作司．思想政治教育方法论［M］．北京：高等教育出版社，1999：145.

（二）注重自我管理，增强自制自律精神

公共精神的习成，需要自律与他律的结合。公共精神倡导自制自律，参与公共事务不看别人脸色，而是看事务本身的对错，以自制、自觉的方式审视自身的行为。日常生活中，违背公德或公共精神的行为大都发生在“陌生人”圈子，或者没有“自己人”的场所。这种不文明行为时有发生，与公共精神倡导的自主自律原则格格不入。所以，单靠外在规则的约束，没有严格的自我约束很难自觉养成公共精神。这就要求大学生克己自律、自我控制。“自我控制主要是用理智的力量控制自己的感情冲动，制约越轨言行，不管受到什么样的外界刺激，都能保持沉着、冷静，具有高度的忍耐力和克己精神，使自己始终坚定正确的信念，指向正确的目标，并保证目标的实现。”❶ 在公共生活中，大学生应当意识到自己身为社会人的本质属性，与社会不是对立关系，为了与他人、社会和平共处，就必须用共同的规则、规范、道德制约自己、管理自己。在没有外部的约束和监督的情况下，大学生要始终如一地坚定自己的道德信仰，把公共利益作为价值依归，对自己的情绪、行为加以控制，自觉地按照法律规则要求做事。道德的自律必然是建立在理性原则的基础上个体的自觉。因此，在长期的自我约束和自我管理中，个人理性和公共情怀会逐渐养成。如果大学生能自觉地遵守基本的公共准则，做到慎独自律，其公共精神的形成就有了坚定基础。

（三）开展主题活动，巩固自我教育效果

形式多样的公共精神教育主题活动，不仅可以唤醒大学生的公共情怀，还可以加强大学生公共责任感与秩序意识，巩固大学生自我教育效果，继而提升其综合素质。“尊重学生的主体地位，调动学生的主动参与意识，尊重他们的独立人格和个性需要，关注他们的性格、习性、情趣、爱好、需

---

❶ 教育部社会科学研究与思想政治工作司. 思想政治教育方法论［M］. 北京：高等教育出版社，1999：148.

要、特长、精神等特质，贴近生活、贴近实际、贴近学生。”❶ 选择一些贴近实际、感染力较强的教育素材开展公共精神教育的主题活动，会收到较好的教育效果。例如，举办公共精神讲座或论坛，宣传公共理念，倡导公共精神；举办公共精神文化节，让更多的大学生了解公共精神的核心要素和基本内涵，并关注自身的公共精神状况；可通过辩论赛、演讲比赛、调研展示等形式开展以“社会责任”“公共服务”“公共规则”“爱，奉献”为主题的活动；也可开展公益人物事迹报告会、感动人物的评选等一系列的主题教育活动。凭借公共精神主题教育活动，大学生的道德自律、行为自觉得到进一步的深化和巩固。

四、正视多元冲突，培育公共理性

随着时代的发展，社会呈现多元化、差异性的特征，要维持社会的稳定和谐，最有效的办法是在相互理解、相互尊重的基础上“求同存异”，体认公共精神，达到个人利益与公共利益之间的稳定平衡。这就要求大学生实现个体理性向公共理性的转变。公共理性是个体建立在理性自觉的基础上，以长远、全局的眼光认识、解决公共事务，依据公共利益的原则来规范自己行为的道德意志品质。即使要损害个体利益，他们也会“识大体”，为公共利益而牺牲。这种公共理性本身就反映了公共精神，如果没有公共理性的形成，就不会产生公共精神。

（一）认识多元冲突，促进个体理性转向公共理性

公共参与是公共精神形成的必要前提，但是缺乏公共理性的公共参与是不能被称为真正的公共精神的。大学生在公共领域的交往中，都会有各自的出发点和利益需求，产生矛盾和冲突是不可避免的。既然矛盾冲突不可避免，我们就要正确认识这些矛盾。在认识矛盾冲突的过程中个体理性发挥着不可或缺的作用。拥有个体理性的大学生往往具有理性的思考与判断能力，他们往往选择相互理解和尊重他人，清楚公共交往中价值冲突的

❶ 刘振中，罗成翼．略论大学生公益精神培育的德育价值及路径［J］．当代教育论坛（管理研究），2011（11）．

不可通约性，探求冲突背后的深层原因，努力找寻解决办法。可见，寻求合作、宽容、尊重的公共理性源于个体理性。但是，个体理性并不等同于公共理性。个体理性是内在的，是私人领域中关于个体自身价值实现的理性；公共理性是外在的、公共的，体现着合作与公平正义的道德价值。引导大学生正确认识矛盾冲突只是其公共理性形成的开端，大学生公共理性在处理公共领域的多元化冲突中才能得以实现。

（二）合理解决矛盾冲突，养成宽容协作意识

人们在公共领域中的各种矛盾和冲突不可避免，但解决这些冲突和矛盾的方式可以选择。有的大学生选择暴力简单解决，有的选择宽容合作方式，有的选择多赢的角度处理问题。通过暴力威逼、欺诈利诱等方法，一般被认为是缺乏公共理性的解决方式。对于当代大学生来讲，合理解决公共生活中的矛盾与冲突，就要认真践行公共规则，养成宽容合作意识，即在解决利益冲突时，要在尊重对方平等地位的前提下，珍惜自己的权利，主动参与公共事务，以包容的心态对待矛盾冲突，以合乎道德、规则的方式实现公共理性。大学生对于公共规范的认同度较高，而践履能力较差。因此，在培育中有意识地强化这种践行能力尤为重要。大学生生活在各种价值冲突和融合的社会，其个人利益与他人利益和集体利益息息相关，他们只有切实地遵守公共领域中的基本规范，对他人宽容，对冲突协商，才能实现个人利益与公共利益的双赢。

（三）坚持德性向度与权利向度的统一

德性致力于个体道德修养的提升与独立人格的培养，它通过道德践行来达到人格的完善，是向外的奉献，向内的争取，旨在获得内在的自由，它是个体投身于公共事务的内在动机。我们要加强道德规范教育，大力实施新时代公民道德建设工程，在全社会倡导“文明礼貌、助人为乐、爱护公物、保护环境、遵纪守法”[1] 的社会公德，鼓励大学生在社会上做一个好

---

[1] 新时代公民道德建设实施纲要［M］. 北京：人民出版社，2019：5-6.

公民，使团结友爱、诚信互助的社会风气蔚然成风。权利具有外向性，目的在于获得一种外在利益或自由，它是向外部争取，是个体投身于公共生活的外部动机。在公共事务中，公共精神不否认个体权利的追求，一定意义上讲，权利的实现就是社会“正义”的实现，高校要注重解决学生的思想问题与实际问题，维护其正当合理的权益，才能激发其参与社会事务的兴趣热情与回馈社会的责任意识。但是，个人权利的实现有个“度”，逾越了这个“度”，个体之间的和谐就会被打破，矛盾冲突顿时出现。这个“度”由外在的法律与内在的道德来维系，归根结底是道德的自觉与自律能力来界定。因此，在促进个体理性向公共理性转化的过程中，应注意“以权利向度启发公民作为公共主体的角色定位和价值认同，以权利的伸张和发挥带动公民主动参与公共事务的积极性。以德性向度，引导中国公民传承传统文化精神，加以创造性的转化和发扬，通过‘修身外化’的道德实践把人格修养和社会理想相统一，培育出健全和稳固的公共精神”❶。

第二节 立足于环境氛围的营造

马克思曾指出：“有一种唯物主义学说，认为人是环境和教育的产物，因而认为改变了的人是另一种环境和改变了的教育的产物——这种学说忘记了：环境正是由人来改变的，而教育者本人一定是受教育的。”❷ 他强调了环境改变人和人改变环境的辩证统一关系，环境改变人，人亦能改变环境。所以，在塑造大学生公共精神时，要高度重视校园文化与社会环境的熏陶感染作用，使环境的营造与开发符合大学生的个性特征和公共精神培育的要求。

一、以社会主义核心价值观涵育公共精神

公共精神作为一种社会意识，必须以新时代中国的主流价值观和主流意识形态作为思想统领。高校必须站稳以社会主义核心价值观引领当代大

---

❶ 邓莉雅．论公民公共精神教育中权利向度与德性向度的统一［J］．思想理论教育，2007（1）．

❷ 马克思恩格斯文集：第1卷［M］．北京：人民出版社，2009：504．

学生公共精神培育的价值立场。核心价值观作为一个国家和民族最深层次、最触及灵魂的文化内核，决定着文化的性质与方向，决定着社会发展的价值选择和未来走向。党的十九届四中全会明确提出“坚持以社会主义核心价值观引领文化建设制度”❶，这从根本上解决了当代大学生公共精神的制度保障问题，具有鲜明的理论价值和现实意义。社会主义核心价值观作为国家、社会和公民各层面的价值取向，其中包含着对公共精神的认同，社会主义核心价值观蕴含的国家、社会和公民层面的追求，对大学生的行为践知有着规范引导作用。大学生作为民族希望与祖国建设的生力军，他们对社会主义核心价值观的认同，在某种程度上意味着其实际生活与生产活动中会自觉践履现代公共精神的核心思想。培育当代大学生的公共精神是中国特色社会主义核心价值观的重要目的与实现途径，它能有效整合上层建筑中的思想道德、价值理念与公共意识，公共精神中所倡导的内在理念必将驱动社会文明向前发展，维系社会系统稳定运转，最终能够体现国家治理能力和治理现代化的深层进步。

公共精神是现代社会发展的时代产物。社会主义核心价值观中的经济富强、政治民主、社会文明、文化和谐等因素为大学生产生公共精神的认同提供了前提条件和物质基础。作为新时代的大学生，应当志存高远，坚定自身未来发展方向，丰富自身知识阅历，始终将人生发展目标与国家的兴盛荣辱紧密联系在一起。现代社会的大学生群体在自由精神、平等精神、公正精神和法治精神的理念引领下，面对公共事件的“公共利益”与“私人利益”的选择中，能够正确实现公共事务的利益平衡，实现公共利益对个人利益的保护功能，为社会价值共识的凝聚提供切实保障。公民个人层面的价值要求着眼于当代大学生在日常行为规范中应遵循的基本行为准则，它可以缓解人们之间的隔阂与敌对，克服偏见和分歧，建立起对公共领域的信任。引导大学生在公共事件参与中的约束力、管治力，塑造大学生的公共理性精神，才能提高当代大学生对于公共精神的认同与践行能力。

提高当代大学生对公共精神中独立人格精神、公共参与精神、公共责

❶ 中共中央关于坚持和完善中国特色社会主义制度 推进国家治理体系和治理能力现代化若干重大问题的决定［M］．北京：人民出版社，2019：23.

任意识和公共规则意识的自觉践行，在现今条件下，必须依赖于社会主义核心价值观的渗透引领作用。要深化大学生群体对公共精神中蕴含的思想意识、价值观念、道德品质和公共意识的深刻理解，在实际工作中就要大力做好社会主义核心价值观的宣传与普及，努力扩大其在当代大学生群体中的作用影响，使中国特色社会主义核心价值观在当前复杂社会思潮和多元文化、价值观中占据领导核心地位，引领当代大学生公共精神培育的全过程。

二、依托舆论宣传，营造社会公共精神氛围

坚持正确的舆论导向是宣传舆论工作的核心和灵魂。正确的舆论宣传是提升大学生公共精神的关键一招与重要手段，有着特殊的表达力、影响力和渗透力。公共舆论的善恶评价有时直接影响着个体思想和行为。

党的十八大以来，国家高度重视网络新技术的发展，注重加强对主流舆论媒体建设工作。党的十九届四中全会审议指出，要“构建网上网下一体、内宣外宣联动的主流舆论格局，建立以内容建设为根本、先进技术为支撑、创新管理为保障的全媒体传播体系。改进和创新正面宣传，完善舆论监督制度，健全重大舆情和突发事件舆论引导机制”❶。这为新型主流媒体的引导理念与实践创新提供了基本遵循和发展方向。

社会舆论主要依赖电视、广播、报纸、网络等媒介进行传播，各类媒体在大学生公共精神的塑造中具有重要引导作用。传统媒体的信息宣传方式会迅速淹没在网络信息洪流之中，主流媒体作为党和政府的“发声筒”，是公众情绪的“晴雨表”和“稳定器”。在日常对公众的宣传工作中，应该紧跟时代潮流话题，凸显对大学生道德责任、“三观”感知的正面引导，弘扬社会“真善美”的主旋律，让社会公德、职业道德、家庭美德、个人品德成为现代公民的目标追求，让社会主义核心价值观的自觉践行成为现代社会公民的自觉行动。主流媒体要坚持正确的政治导向和意识形态责任制，强化自身责任担当，积极宣传主流意识形态，监督不良行为，引导公众正

---

❶ 中共中央关于坚持和完善中国特色社会主义制度 推进国家治理体系和治理能力现代化若干重大问题的决定［M］. 北京：人民出版社，2019：24.

确地关注和理解社会，优化大学生公共精神教育的社会环境。一方面，要牢牢地把握正确的舆论导向，致力于普及公共精神的教育和宣传，唱响社会主义公平正义的主旋律，运用寓教于乐、轻松活泼的形式凝聚公共精神共识，突出宣传工作的年轻话语体系。主张多报道见义勇为、热心公益、无私奉献等个人、集体先进事迹，树立公共精神榜样，鼓励弘扬社会正气。同时，积极弘扬体现公共精神的道德风尚，加强对关注度较高的公共精神热点问题的引导，在社会上形成健康向上的主流舆论。可适时运用情景剧、二次元的多媒体发展模式，引领当代大学生的正向价值观，自觉建立起对公共意识和公共责任的自我认知。另一方面，加强舆论监督，敢于批评社会上各种违背公共精神的言行及丑恶现象；曝光一些扰乱社会秩序、挑战法律权威、见利妄为等失范行为，并加以严厉批判，在社会上构建良好的惩恶扬善伦理机制。对社会成员形成一种时刻存在的无形监督力量，使人们自觉规范自己的行为。社会氛围是无形的，但具有强大的精神驱动力，大学生处在人人崇尚公共精神的社会中，久而久之他们就会深受感染，践行公共精神。

三、加强校园文化建设，营造校园公共精神氛围

"作为一种亚文化，校园文化是以校园为空间，以师生员工尤其是学生为主体，以各种校园活动为主要运作方式，以多学科、多领域的广泛交流及特有的交往——教学、科研、生产、生活等各个领域的相互作用结果为基本形态，以积淀、凝聚、内控为优化机制的具有各学校特色的一种组织文化。"[1] 校园文化是全校师生的价值观念、行为习惯等的提炼，一般会在师生思维中形成心理定式。校园文化对于当代大学生的价值观念及行为准则的规范和认定起到一定积极作用，对于特定精神环境和文化氛围具有深层次导向功能，重视校园文化的氤氲，发挥其载体功效，打造和谐稳定的育人生态，是当下高校公共精神培育工作的紧要命题。健康向上的校园文化环境离不开高校规章制度与管理育人模式的保障，大学生的公共行为无法

---

[1] 刘薇. 高校校园文化建设与思想政治教育互动研究［D］. 沈阳：辽宁大学，2012：25.

脱离公共精神导向和约束功能。所以，要明确学校规章制度，实行民主化管理，举办多样性校园活动，发挥校园文化在公共精神教育中的隐性作用。

（一）落实校园物质、精神、制度文化建设，保障大学生参与校园管理的权利

大学生参与校园管理是培育当代大学生公共精神的重要手段。学校为保障当代大学生参与校园管理的权利，从而提高学生对公共事务的建设与管理，需要从三个方面入手建立配套的校园文化建设。首先，学校物质文明的建设是实现学生参与校园管理的物质前提。校园物质文化作为校园文化当中的硬件条件，既是校园文化的物质载体又是其外在表现形式，其中蕴含着每一个实体及实体间错综复杂的关系，反映着大学文化中深藏的价值理念和道德情操。学校环境中完善的基础设施建设、有序的布局设施，有助于陶冶学生的道德情操，塑造当代大学生的美好心灵，激发大学生群体爱护公共环境与设施的公共责任感，约束当代大学生的不良风气和行为，最终能够促进大学生公共精神的形成和健康发展。学校文化的建设过程，离不开校园物质文化的建设。其次，通过师生联动，创建高校独特精神文化。校园精神文化作为校园文化的核心，是一个高校的灵魂与特色，其核心观点就是校园生活中被广大师生所共同认可的校园文化、生活理念和价值观念，是学校物质文化在精神层面的具体表现和集中反映。校园精神文化的建设不是孤立的个体建设活动，需要广大师生积极联动，通过创建丰富多彩的各种形式的活动，体现高校办学特色，凝练出自己的特色文化，是把学校推向更高文化水平的有力载体。校园精神文化的建设应重视发挥师生的主体作用，采取有力措施，调动广大师生全员、全程、全方位自主参与校园文化建设的积极性，让师生在主动参与中得到锻炼，提升知识品位、文化修养及价值观念，实现师生和学校共同发展、共同提高，为学生的公共参与意识与公共实践能力的提升打下坚实的基础。最后，通过提升制度文化水平保障大学生参与校园公共管理的权利。健全、完善的高校规章制度是校园文化建设的重要保障，更是维持稳定有序校园环境的根本保证。通过学校的各项校园管理制度，建立起对大学生群体的日常规范标准，

建立起对学校校园文化的责任意识、道德意识和公共意识。为充分发挥校规校纪的约束、保障作用，使学生形成遵守公共规则意识，一方面要加大规章制度的宣传力度，提高在学生中的熟识度。如高校秋季新生开学之际，一般会开设入学教育，其中会涉及学校规章制度、学生管理等相关内容，不少学校还有新生校史校规的入门考试。但很大程度上，入学适应教育并未受到足够重视。解决现实与理想的鸿沟，就要改变传统学校规章“你打我通”“你说我听”的简单灌输形式，详尽运用鲜活事例、创设具体情境，让大学生了解在各种境况下如何遵守校规校纪。唯有明确学校规章制度，青年大学生才能规范自身行为，自觉遵守校园秩序与社会秩序。另一方面高校要积极加强政策与规章的执行力度，做到执策要严、有章必循。此外，只有让广大青年学生在校园各项仪式、制度和规则制定的过程中有充分的参与感与获得感，才能提升校园公共事务的吸引力。

（二）实现高校服务型管理，形成民主公开的校园文化氛围

高校是孕育时代新人、培育中国特色社会主义现代化主力军的主要阵地，肩负着塑造大学生群体的价值意识、道德修养和公共意识的功能使命。高校的育人方式与管理模式直接影响着大学生的“知情意信行”。

传统的高校管理往往是一种权威性、自上而下性的管理模式，管理者相对处于优势地位，学生经常处于一种被动服从的状态，他们参与校园管理的积极性、主动性和创造性被大大削弱。如果学校公共管理的绝对话语权都掌握在高校手中，在实际执行过程中，学生的意见、建议往往和校方缺乏有效的沟通交流渠道，学生便会成为“规则”和“决议”的执行者。部分高校相对固化单一的管理模式与学生民主、平等、权利意识的逐渐觉醒之间的矛盾逐渐显现。加强高校民主管理，是影响和制约高校改革发展稳定的重要因素，是实现高校按照科学发展观的要求，实现科学发展、创新发展、和谐发展的重要保障和有效途径。[1] 随着大学生主体意识的增强，高等教育大众化及其改革的深化，学校面临着诸多矛盾和问题，如校园安

---

[1] 刘长安. 加强高校民主管理的几点思考 [J]. 中国高教研究，2008（11）.

全隐患增多、影响学生公共行为的不可控因素增加、高校管理的难度越来越大等。高校管理要直面问题，积极向民主化模式转变，才能适应教育新形势，为学生的自我管理、自主能力的培养提供轻松和谐的文化氛围。高校应该及时顺应时代发展趋势，凸显高校大学生是高校主体的主人翁地位，贯彻以人为本的管理理念，在制定学校各项规章制度、制定学校发展规划、评议校园建设时，充分调动高校大学生的主体作用，实现决策管理过程的民主化和科学化。同时，高校要通过公平、民主、平等理念的实施决策，强化学生的公民民主认知，提升学生综合素质，以此推进学校管理水平和学校教育事业的长足发展。在高校日常管理活动中，管理者也应走出办公室，走下讲坛，走到学生之间，走进学生心里，与学生民主、平等地交流，破除一切阻碍学生走向校园公共参与的不良因素，营造管理育人、服务育人的良好局面。在平等、真诚的师生关系的影响下，学生会突破自身的利益局限，积极参与校园事务。高校学生管理工作者在提升自己民主管理能力的同时，要引导学生管理自我、坚持自我、发展自我，发挥学生的主体地位，为学生参与民主管理创造有利条件。

四、优化网络环境，增强网络责任意识

互联网技术的快速发展及其信息获取的平等性、开放性和互动性为大学生提供了方便快捷的交流平台，使全新的网络环境成为大学生学习生活、公共交往的空间。网络新环境的出现为大学生公共精神培育提供了新领域，拓展了教育和实践空间。在虚拟的网络中，大学生尽可以发挥自我想象，展示自我个性，追求自我高度，体悟自我成功。但是，互联网的隐蔽性、虚拟性的特征一定程度上助长了部分大学生的不良行为，造成网络虚拟空间中“我不是我”的假象，甚至认为网络中的行为可以摆脱现实中的法律约束和时刻存在的责任。因此，加强网络环境的优化与网络道德规范对于公共精神的培养尤为重要。

（一）利用微信、微博等现代手段，搭建公共交流平台

互联网的飞速发展，微信、QQ、微博等网络交流工具的广泛使用，为

大学生参与公共事务、表情达意营造了广阔空间。相对于传统媒介的传播方式，微博等的传播借助互联网技术，信息传播变得更加迅速，实时接收信息、实时作出相应反馈已不再困难。与传统媒体相比较，微信、微博等网络手段一个最突出的优势就是即时性。传统媒介发布信息前，都需要经过多道程序的流程，在这一过程中，需要消耗较多的时间成本，这样在即时性方面就大打折扣，尤其是针对信息发布与社会热点的传播。微信、微博等对当今社会带来的影响是不可估量的，其改变了传统媒体传播渠道的单一性与滞后性。通过微信、微博手段，公共精神更加深入地走进大学生生活空间。微信、微博等作为一种大众型信息传递工具，以信息传播速度快、参与人数多、信息公开的特点深受大学生欢迎，其在促进社会公平正义、平等互助等方面发挥着重大作用。大学生是微信、微博使用的主要群体，他们通过微信、微博了解政策信息，关注公共事件，紧跟时代步伐。高校管理者也可通过微信、微博关注学生动态，有意识地将公共精神理念渗透其中，以新颖的形式吸引大学生点击，在潜移默化中实现对学生的积极引导。在发生重大事件时，高校管理者扮演好现实中的意见领袖角色与大学生互动交流，做好网络舆情工作与社会主义意识形态引领工作，引导学生承担网络责任，理性地参与公共事务。高校可以通过设立意见板块栏目，搭建学校与学生的交流平台，凸显学生在公共精神培养中的主体地位。在学校网站上可设立“校长信箱”“学生意见箱”等板块，使同学们畅所欲言，积极提出合理意见，参与到学校治理体系建设中。意见的收集可以引导大学生关注身边之事，关注学校之事，关注他人之事，以学校主人翁的心态、以饱满的热情承担维护学校利益的职责，而网络手段为学校意见收集、制度改革提供了全方位的参与便利。

（二）规范网络秩序，培养大学生网络责任意识

良好的网络空间环境必然离不开各项规章管理制度的有效保障。大学生因其身心发展特点，在面对网络舆情的时候，容易跟风宣泄表达。因此，政府作为公共空间中的直接管理者，建立适宜大学生身心发展规律的公共伦理表达和保障机制，容易拉近大学生对公共生活的亲近感和归属感，最

终强化大学生的社会责任感和公共精神的培育。高校大学生的社会责任意识教育是高校德育的重要内容，更是落实思想政治教育的重要职责。随着网络信息技术的发展，社会责任感教育也要随着时代发展进一步扩展为对高校学生网络责任感的教育。

高校对于网络责任的教育是时代发展的产物。网络作为21世纪获取信息的最佳途径，为高校大学生的公共交往提供便利的同时，也弱化了其现实责任感。例如，一些学生通过网络随意发布转载未经求证的消息或言论；有的深陷虚拟世界的“网络游戏”“网络聊天”“网络赌博”无法自拔，导致现实人际关系冷漠；也有一些人通过“人肉搜索”等形式侵犯他人权益，他们由于自身心智不成熟，易受到好奇心和刺激感的驱动，在网络世界中充当“正义使者”，缺乏自律能力和自我管理的约束。鉴于这种情况，国家相关部门应颁布法规，对公众网络行为强化具体规范。对高校来讲，也应大力引导和约束学生的网络行为，让其明确是非、善恶、对错的边界。高校校园网一般会将IP与学生的学号绑定，实名制会为虚拟的网络增加现实感，促进大学生担当网络责任意识。青年一代尤其是高校大学生群体的社会责任感直接关乎社会主义建设事业是否后继有人，网络责任感则直接关乎我们“立德树人”教育目标的实现。高校课堂里的社会责任感教育，大都是以灌输式的理论为教学内容，这种长期“填鸭式”的教育方式也会取得一定实际效果，但效果一定是微弱的。只有将高校更常接触的网络与社会责任感联系起来，以提高他们的网络责任意识作为提升高校大学生综合素质的着力点，唤起大学生内心的自我约束意识，抓住“95后”大学生喜欢独立、平等的青春特点，赋予他们更多的自主权利，引导学生在教育课堂、校园的集体活动中逐步达到对自身约束管控的能力，实现当代大学生在网络世界中高度的自觉感和责任感，最终才能建立起井然有序的网络秩序和风清气正的网络空间。

此外，要发挥制度优势，建立网络舆情监控机制。应通过建立健全网络法律法规，明确权责主体。扭转受“利己主义”“金钱至上”不良思潮影响导致的不择手段追名逐利、传播低俗信息的行为，最大程度上消解网络不良文化对高校大学生责任和道德观念的侵蚀。针对网络中出现的低俗话语、恶意的表达方式等，网信部门应加强监管，充分利用网络舆情预警，进行词语甄别，对敏感低俗词语进行屏蔽、删除。对使用不当的网络用户加强互联网宣传教育，引导微信、微博、抖音等自媒体行业贯彻执行相关文化政策，坚定社会主义文化发展的基本立场，弘扬社会主义核心价值观，为促进中国特色社会主义文化的传播发展提供思想保障。从信息源头把控好，将管理和监管结合起来，发挥“线上”+“线下”整体效力，为中国特色社会主义文化的传播提供严谨科学的预警防范。在网络空间中增强自身的免疫力，不受其他负面言论的干扰，最终达到对当代大学生公共精神的润物细无声式培育。

第三节　立足于实践活动的开展

大学生公共精神培育的根本在于提升其公共参与的能力，坚持认知与行为相统一、内化于心与外化于行相结合，公共精神才能落地生根，形成强大的现实力量。高校被视为一个较为独立、完整的“公共领域”，在这个“公共领域”中，它以广大学生作为活动参与主体，以育人为活动目的，以精神文化、教育文化、行为文化等为主要内容，以校园精神和校园文明为主要特征。高校通过整合公共活动资源，拓展公共生活空间，依托各类实践活动的开展，积极引导学生参与社会公共生活，提升公共参与能力，使其自觉养成服务意识，使公共精神不断渗透于大学生的思维与行动中。

一、整合各类公共资源，拓展大学生公共生活空间

“95 后”大学生拥有的公共生活空间更为广阔，高校要充分重视整合各类公共活动资源，打通网上、网下的公共空间，为青年学子提供参与公共事务的空间前提与便捷条件。应充分利用大学校园公共活动空间，增强大学生对于团体生活公共意识与公共精神的认知，提升其公共生活的归属感与参与感。风清气正的网络空间是拓展当代大学生公共生活的主要战场，大学生如何在纷繁复杂的网络空间世界里，积极关心公共事务的进程发展，丰富公共精神的时代内涵，是摆在当今高校面前的一个公共课题。

（一）开拓校园公共资源，拓展公共生活空间

公共精神的重要维度是正确处理私域与公域的关系。学校是学生学习、生活的重要空间，如何开拓校园公共资源，拓展公共生活空间是落实公共精神培育的重要议题。公共精神是在公共空间中形成、发展的，培育大学生公共精神离不开公共生活空间的拓展。大学生的团体活动丰富多彩，小至宿舍活动、班集体活动，大至学院活动、学校活动。宿舍是大学生的基础单位，宿舍人际关系的好坏直接影响了大学生心态与行为。积极参与宿舍活动，主动承担宿舍中的公共责任，维系良好的舍友关系，活跃宿舍气氛，营造一个温馨的宿舍环境，不仅可以增进人际关系，还使其养成宽容与尊重的宝贵品质，更是大学生走向更大范围的人际交往中应具备的重要素质。班集体是比宿舍更大一级的组织，在公共精神培育中发挥着重要作用。如班干部的选举推荐、班级活动的开展、班级民主生活会等，都可以使学生提升民主合作意识、协商服务意识。团委学生会和学校社团的纳新与换届选举也都是本着公正公开的原则，择优录取。定期召开的部门大会，不仅提升了学生的参会议会能力和集体意识，还促进了大学生的自我管理与自我发展。一言以蔽之，校园公共资源的有效整合，才能培育大学生参与公共事务的两种意识：一是承认利益多元化的存在，允许不同意见的发表，寻求不同利益与意见的平衡；二是用正当合理合法的方式表达自己的意见，对自己言行负责，培养独立自主意识、权利意识和社会责任感。

（二）利用网络公共资源，优化网络培育空间

网络时代的来临克服了传统的时间、空间障碍，顺应了当代大学生追求自由、平等、独立的时代呐喊。随着大数据时代的到来，信息的传播速度和规模进一步跃升，公共精神的时代号召应在高度发达的自媒体网络时代中得到回应，高校要利用网络平台即时性、交互性强的特点，开发网络空间对公共精神培育的教育价值、丰富网络媒体对公共精神培育的时代内涵和健全虚拟空间中对公共事务参与的各项规范。新媒体利用通信卫星和全球联网进行数据传输，将人们带入开放广阔的信息海洋，网络上的海量

信息面向全球开放，实现信息共享的全球化、最大化，人人都可以通过搜索引擎找到想要了解的讯息，实现了信息化时代的共享。这既包括相同的信息可为许多人所共享，也包括相同的信息可为不同时期的人所共同享有。网络公共空间利用大数据实现了人与人之间信息、资源的共享。但不可否认的是，当代大学生在网络空间的价值表达、认知行为呈现出明显的年轻化与不成熟化，这为理解当代大学生的身心成长路径提供了新的观察视角。高校应通过开发利用网络公共资源，优化网络社区空间，延展大学生公共精神培育空间。一方面，要开发网络空间的教育意义，直面多元思想和不同话语表达的公共空间，用社会主义核心价值观引领大学生的公共责任教育、社会公德教育，不断落实高校“立德树人”目标的实现，引导大学生在追求自身权益的同时，也要维护他人与社会公共利益，继而形成良好的行为习惯与健全的公共精神。另一方面，积极弘扬主流价值观念，优化网络教育空间。网络空间为当代大学生自由表达提供了更加宽广、便捷、平等的平台，也成为青年学生获取社会热点信息的主要途径，这对高校的网络思想政治教育能力提出了新要求。高校借助微信、微博等媒体手段，传播社会主义核心价值观念，讲述道德模范在追求公共精神中传递的人生态度、道德修养和公共价值，使得大学生们在学习社会主义核心价值观念与先进人物的典型事迹中，树立正确的世界观、人生观和价值观，以更加成熟的人生态度直面公共事件，作出理性选择。

（三）利用社会公共资源，推进大学生民主政治参与

公共精神与民主政治参与互为促进、密不可分。一方面，民主政治参与为大学生公共精神提供了肥沃的实践土壤，通过民主政治参与，大学生自觉养成独立自主、勇担公共责任、遵守公共规则的公共精神。另一方面，公共精神为民主政治参与凝聚了磅礴的精神动力，促进了我国民主政治发展进程，大学生的公共精神一旦养成，便成为现代公民投身公共生活的必备能力与优良品质，他们会像关照自身一样，关怀他人与社会。整合社会公共资源，给大学生提供公平、民主参与政治的机会和平台，扩大其参与渠道，才能夯实培育大学生公共精神的实践基础。高校应主动创设真实的

社区参与环境，让学生懂得社区公共事务管理的参与度与自身发展密切相关，从而产生公共责任意识，使其主动参与社区公共事务管理。另外，高校要积极鼓励学生参与区人大代表选举，自觉行使选举权与被选举权，学习民主政治生活的知识，积累民主政治参与的经验，扩大自身的民主政治参与范围，培养社会共识式的理性情感。

二、鼓励参与公共事务，促发大学生理性公共行为

“公共精神是促使公民主动进入公共领域，自觉维护公共利益、积极追求公共目标的精神。”❶ 公共精神是促使校园公共生活实践的真实参与，是培育当代大学生公共精神的具体实现方式，能够让广大大学生在对校园公共事务的参与决策中，更加真实地理解公共精神的内涵与意义。在实际的校园公共生活过程中，要依托校园管理事务和社会实践活动，激发大学生对于公共事务的热情与兴趣，锻炼学生公共参与能力，拓宽公共生活的创生空间。

（一）依托高校管理事务，提升大学生公共参与意识

高校是大学生获得知识、参与公共事务和公共活动最主要的地方，要提升大学生的公共参与能力，就要引导大学生广泛参与高校管理事务，积极倡导学生以团体、个人名义积极主动参与所在宿舍、班级、学院、学校的学生事务活动，广泛参与有关学校规章制度建设、校园文化建设、学校发展规划等活动。学校应着力清除学生顺利参与学校管理事务的重重障碍，关注学生思想动态，认真倾听学生的心声与需求。“学校在决策时，尤其是关系到学生利益的决策，可通过建立新闻发言人制度，及时发布学校关系师生利益的各种信息，扩大广大学生的知情权、参与权等，使他们能够在自主管理过程中潜移默化地将对自我、社会和他人的权责意识内化，从而

---

❶ 张云飞，等. 为了人民的幸福和尊严：中国特色社会主义社会建设的理论与实践［M］. 北京：人民出版社，2015：636.

培育大学生民主、责任、合作、政治参与等公共精神品质。”❶ 不少高校多角度地吸引学生进入学校民主管理之中，并将学生的参与实现常态化与制度化：与学生的勤工助学相补充，在行政办公室、图书馆、课题组、后勤等部门设有学生助理岗位，如我们所熟悉的行政助理、教务助理、学生公寓助理等；高校多设有学生代表大会，广泛听取学生意见，鼓励学生“参政议政”；实行校园听证会，校务公开制度等。

（二）依托社团活动，练就大学生公共参与本领

“在中国高等教育发展史上，社团向来是学生思想交流的主要阵地，各个时期都发挥了相当重要的作用。”❷ 高校社团是大学生发表意见、沟通交融的重要活动空间。社团活动涵盖学术、体育、艺术、兴趣爱好等各类活动。在社团活动中，不同文化交流碰撞、不同意见交互发表、不同观念相继表达，青年学生在此过程中，学会理解包容、学会求同存异、学会承认接纳，逐渐养成现代公民公共生活的能力与品质，学生开展有意义、有品位、有内涵的社团活动，不断提升自己公共生活参与的沟通能力、组织能力、协调能力和实践能力，习得公共精神基本理念与要求，达成社团活动参与者之间的合作共赢。学校应大力支持学生参与社团活动，强化对社团工作在思想上、组织上、政策上给予指导帮助，保证社团符合国家大政方针，弘扬社会正能量与主旋律，引导其在合法合理的依据下，按照社团章程独立自主开展活动。要加大对社团活动的经费、场地等资源的支持，明确社团活动对学生公共精神培育的重要作用，为学生施展才华创造平台、搭建舞台。要打造思想政治素质过硬、领导能力够强的师资团队，培养诚实可靠、综合素质优秀的社团骨干队伍，直接参与社团的建设与具体运行，整改存在问题、开拓发展空间、活化活动形式、创新活动方式，将远大理

---

❶ 李定庆，柯修. 论公民视角下大学生公共精神的培养［J］. 太原大学学报，2011（4）.

❷ 宫志峰，李纪岩，李在武. 大学生社会主义核心价值体系建设研究［M］. 北京：人民出版社，2012：221.

想信念、社会主义核心价值观融入活动全过程，不断提升高校社团生命力与吸引力，为学生公共活动的延续性提供保障。

首先，大学生积极参与团体活动能够在与其他学生的交流、交往实践中提高自己的公共责任意识，人生态度也会更加积极。通过在不同社团中的交流学习，学生思想得到不断升华，逐渐树立积极的人生观及价值观，将自己的个人理想和追求与时代的发展结合起来。其次，参加团体社团活动可使大学生的集体意识与责任意识逐步增强。社团活动的有序开展需要参与其中的每一位成员的协同合作与集体智慧的发挥。大学生在长期的社团活动中，在集体意识和包容心态的滋养下，不断意识到团体的荣誉与个体息息相关，从而自觉提升自我的责任意识与公共意识。

三、以志愿服务活动为载体，养成大学生自觉服务意识

“青年志愿者行动，是当代社会主义中国一项十分高尚的事业，体现了中华民族助人为乐和扶贫济困的传统美德，是大有希望的事业。”[1] 我们要以志愿服务公共实践为载体，吸引青年大学生广泛参与，加强其公共实践力度，增加公共行为的温度。普遍意义上讲，大学生具有志愿精神是人类精神长期发展所表现出来的伦理表现方式。志愿精神是当代大学生拥有公共精神的外显方式，其中凝聚了社会主体在参与公共事务中的理性思考方式与道德伦理诉求，为志愿活动发展方向和价值要求提供支撑保障。青年大学生们通过参与社会服务实践活动，不仅孕育了自身的公共精神，也推动着公共精神在全社会的迅速传播，唤醒更多人的公共意识与社会责任感。大学生通过积极参与志愿者活动、参与公益事业、开展环保活动、开展“三下乡”实践活动等形式来实现对社会的服务，从而培育他们自觉关怀与维护公共安全、公共卫生、公共环境、公共资源等公共利益的态度与情怀，增强社会责任感。[2]

---

[1] 江泽民文选：第2卷［M］．北京：人民出版社，2006：508.

[2] 吴江生，苏玉菊．论大学生公共精神的培育［J］．海南大学学报（人文社会科学版），2009（2）：234.

（一）普及志愿服务理念，确立大学生对志愿服务的正确认知

习近平总书记明确要求："推进诚信建设和志愿服务制度化，强化社会责任意识、规则意识、奉献意识。"[1] 纵观我国志愿服务发展历程，高校志愿服务的兴起与发展，都与大型活动的开展相关。大型活动的开展，需要志愿者自愿加入，更需要唤醒民众的志愿服务意识。如北京奥运会、广州亚运会都积累了丰厚的志愿服务经验，养成了"奉献、友爱、互助、进步"的志愿精神。高校在公共精神培育实践任务中，要充分发挥思政课堂主渠道的作用，广泛利用新媒体技术，构建志愿服务网络体系，普及志愿服务理念，营造社会公益氛围，有序发展志愿服务组织，为学生公共精神培育提供广阔舞台。

一方面，高校通过构建志愿服务课程体系，将志愿服务理念与元素融入思政课程与课程思政中，在尊重学生的独立性、自主性的基础上，鼓励师生平等对话，坚持以生为本的原则，强化青年大学生对公益事业的认知，让其充分认识到公益服务活动对构建社会主义和谐社会的推动作用，对实现社会稳定长久发展的内在支撑作用，对其自身德性素养的提升作用。高校积极向学生宣传、解释何谓公共服务，为何要倡导公共服务意识，使大学生理解志愿服务的实质及发展历程，全面把握志愿精神的科学内涵，深刻挖掘新时代志愿服务价值意义，弘扬新形势下公共服务理念，提升其志愿服务意识，增强大学生对参与社会服务活动的认同感和自豪感，使社会服务意识真正"进头脑""进内心"，让大学生自觉、主动地参与到公共服务中来。高校通过在通识教育中不断渗透、强化大学生的志愿活动精神，建立一套专业化、制度化和规范化的志愿活动模式，积极探索大学生参与志愿活动的多种形式，将志愿活动精神与社会时事紧密结合在一起，将培育志愿精神与学校思政教育、德育教育深度融合，以形式丰富的志愿活动为载体，将志愿活动激励制度与服务保障体系化，引导大学生参加高校管理活动、团体活动、社会服务活动，提升其管理公共事务、参与公共生活的技巧，培养民主和自制的习惯，进而养成公共精神。通过这一过程，大

---

[1] 习近平．决胜全面建成小康社会　夺取新时代中国特色社会主义伟大胜利——在中国共产党第十九次全国代表大会上的报告［M］．北京：人民出版社，2017：43.

学生逐渐明白“你的”和“我的”、“私人的”和“公共的”意味着什么，权责该如何统一，公共秩序该如何维护。

另一方面，依托媒体宣传，营造社会志愿服务氛围。高校的新闻舆论工作要坚守中国特色社会主义价值立场，充分利用自身强大的传播力与影响力，营造“社会公益需要人人参与”的良好氛围。高校应依靠典型模范的榜样示范作用，对当前社会中一些公益先进事迹进行专题宣传，实现对学生群体的正向导向。这种长此以往潜移默化的影响，会增强学生群体对我国公益事业的强大信心，将带动更多学生积极参与公益事业，促使我国公益事业发展进程中获得更多的理解与支持，从而塑造学生们正确的公益思想、价值观念，强化当代大学生对公益事业的“知情意行”统一，借此调动当代大学生参与公益事业的积极性和主动性。

（二）健全志愿服务实践安排，扫除大学生参与志愿服务障碍

自 1993 年 12 月中国青年志愿者行动实施以来，大学生志愿服务作为中国青年志愿服务的重要组成部分，在社区志愿服务、大型活动志愿服务、公益慈善志愿服务、专业性志愿服务、社会建设类志愿服务等方面发挥越来越重要的作用。[1] 当代大学生作为践行新时代志愿精神的生力军，需要更高的志愿意识与公德修养。高校积极引导大学生参与志愿活动，培育其适合时代发展的志愿精神具有重要个体意义与社会价值。实现这一目标，高校要积极完善志愿服务活动体制机制建设，制订志愿服务发展指导方案，推广网络化志愿者注册制度、志愿时登记制度、常态化志愿者培训制度、志愿者激励制度，引领更多大学生参与到志愿服务之中。调研发现，一些大学生表示他们有参与公益活动的意愿，但不知以怎样的方式参与其中。再加上传统教育模式过多关注理论知识的灌输，忽视实践教育在知行转化中的作用，使大学生的公共服务意识与行为呈现倒挂趋势。为扭转这一局面，高校要建立健全校园公益慈善机构，为学生们参与公共服务提供平台，如很多高校有红十字会、爱心学社、支教团、互助社等。另外，要加强对

---

[1] 共青团中央青年志愿者工作部. 社会主义核心价值观与青年志愿者行动［M］. 北京：人民出版社，2015：61.

新时代青年学生的社会实践教育，在实践活动中升华对公益精神的认知。如以弘扬公益精神为主题的社会实践就是通过参加具有公益性质的实践教育活动——劳动实践、社会服务活动、青年志愿者活动、抗震救灾等公益活动，使新时代青年在实践活动中接受公益精神教育，形成正确的价值判断，进而深化对新时代青年公益精神的理解和认同。[1] 同时，需要引导大学生群体积极拓展社会服务领域，参与保护生态环境、关爱动物等有关生态保护的社会服务活动。

---

[1] 刘峥，罗成翼. 当代青年公益精神培育路径［J］. 社会科学家，2012（1）.

结　语

习近平总书记在2019年6月的中央外事工作会议上强调，中国处于近代以来最好的发展时期，世界处于百年未有之大变局，两者同步交织、相互激荡。在社会矛盾复杂、多元价值共存的第三代互联网（Web 3.0）时代，社会要取得长足进步与持续稳定发展，培育公共精神显得尤为重要。特别是作为现代化建设和未来社会中坚力量的大学生，其特殊社会角色及所担负的历史使命更是决定了培育当代大学生公共精神的重大意义与时代价值。应引导当代大学生以独立的主体身份积极融入校内外公共生活，主动参与公共事务，自觉遵守公共秩序与社会规范，勇于维护公共利益，以新时代大学生公民良好品德的养成教育为起点，开启新时代培育良德人才、美德家园和社会主义现代化强国的新征程。

新的时空坐标带来了机遇和挑战，深刻影响、改变着人们传统的生产和生活方式，促使大学生的精神状态和对公共事务的参与度有了质的提升与飞跃。当前，中国社会面临的不仅是各种社会思潮、多元价值观的冲突，更是有着多方利益纠葛与博弈的深刻社会背景，现代公共社会对公共利益的实现离不开公共领域的拓展和公共精神的发扬，对公共生活的关注、对公共领域的积极参与及在参与公共事务的管理过程中具有独立人格精神、公共参与精神、公共责任意识和公共规则意识，就成为大学生群体具备公共精神的重要标识。研究发现，多数学生具备了较强的公共参与意识、理性批判意识、公共责任意识；持有正面积极的公共态度；维权意识较强，自主意识明确，更为注重个人的成长发展。但部分学生也存在以下问题：知行不一、自律性不强；价值取向现实化，价值判断理想化、偏激化；抱怨现实的多、包容别人的少，批判的多、建设的少等。在部分传统文化因素、家庭及学校教育的缺失、社会环境的负面因素及大学生自身因素的多重影响下，大学生群体的公共精神表现不尽如人意，培育当代大学生公共精神势在必行。当前应着力重构公共精神的思维范式，打造师资核心力量，建立系统化的支撑体系，结合新技术改进教育手段、优化培育方法、拓展培育途径，复归大学生公共精神“生命活力”，发挥其本原的“精神魅力”，促进他们真正走向、融入公共生活，为未来全面发展奠定良好基础。

附录　当代大学生公共精神现状调查问卷

亲爱的同学：

你好！这是一份关于大学生公共精神的调查问卷，请你根据个人的实际情况和真实想法认真填写，本次问卷调查以匿名的方式进行，调查结果仅作研究所用，请你放心作答，衷心感谢你的支持与配合！

基本信息：

性别（　）

A. 男　　B. 女

户口（　）

A. 农业　　B. 非农业

年级（　）

A. 大一　　B. 大二

C. 大三　　D. 大四

专业（　）

A. 理工类　B. 文史类

C. 医学类　D. 艺术类

E. 其他

是否独生子女（　）

A. 是　　B. 否

问卷部分：

1. 成年以后，你人生中的大事（如高考填报志愿、读研等）大都是（　）

A. 父母做主，自己服从

B. 完全自己做主

C. 听取亲人朋友意见，自己决定

D. 什么情况都有

E. 其他________

2. 你曾经理性怀疑或质疑过公认的事情吗？（ ）

A. 总是　　B. 经常

C. 偶尔　　D. 极少

E. 从来没有

3. 当宿管中心进行检查，个别工作人员随意翻查你的物品时，你会（ ）

A. 没有不满，支持管理员工作

B. 无所谓，由他检查

C. 心有不快，但因其是管理者，只能忍忍

D. 强烈不满，提出异议，并制止他

E. 其他________

4. 假如你所住宿舍楼旁边工地在休息时段就施工，你会（ ）（可多选）

A. 心中不满，抱怨几句

B. 十分气愤，直接去跟施工者或工地负责人理论

C. 向学校相关部门反映情况

D. 联合同栋的学生去找施工者理论

E. 无所谓

F. 其他________

5. 如果对政府的个别政策有不同意见，就应该通过一定的方式表达出来（ ）

A. 完全同意　　B. 基本同意

C. 不确定　　D. 基本不同意

E. 完全不同意

6. 你认为社会上讲求公平正义的人（ ）

A. 很多　　B. 有一些

C. 不多　　　　D. 没关注，与我无关

E. 其他________

7. 进入大学以来，你逃课的频率是（　）

A. 总是　　　　B. 经常

C. 偶尔　　　　D. 极少

E. 从来没有　　F. 其他________

8. 学校后勤部门就餐厅卫生改进问题在微博上征求师生意见，你会怎么做？（　）

A. 积极参与，发表相关合理意见

B. 参与其中，不管意见合不合理，随便发表

C. 不关注此事

D. 有关注此事但觉得自己人微言轻，发表意见也没用

E. 其他________

9. 你参加学生会或社团活动的目的有哪些？（　）（没参加请跳过此题）

A. 兴趣爱好

B. 扩大交际圈，丰富大学生活

C. 锻炼自己团队合作等能力

D. 增加实践经验对工作有利

E. 评奖可加分

F. 其他________

10. 你会关注有关中国的重大事件吗？（包括政治、经济、军事等）（　）

A. 经常关注　　B. 偶尔关注

C. 很少关注　　D. 从不关注

E. 其他________

11. 你关注2020年10月26日至29日召开的党的十九届五中全会吗？（　）

A. 密切关注，了解较多

B. 比较关注，了解一些

C. 知道在召开，但具体不了解

D. 与我无关，不关注

E. 其他________

12. 假如你现在有机会参与区人大代表的选举投票，你会怎么做？（　）

A. 积极参与，按照民主程序，投出谨慎的一票

B. 纯粹体验，随便选选，反正结果都一样

C. 与我无关，没兴趣参加

D. 其他________

13. 社会上发生公共新闻事件时你会以何种方式表达关注？（　）（可多选）

A. 与同学交谈讨论

B. 公共场合发言

C. 网上浏览新闻网页或发表评论

D. 向有关部门写信或投稿

E. 不关注

F. 其他________

14. 听到外国对中国的客观批评时，你的反应是（　）

A. 坦然接受并反思

B. 反感他国的批评，心里感到难受，但不会采取行动

C. 希望采取具体行动抗议他国的批评

D. 无所谓，与我无关

E. 其他________

15. 将来事业成功，你是否愿意为母校捐款？（　）

A. 愿意　　B. 不愿意

C. 看具体情况而定　　D. 不好说

E. 其他________

16. 在大学期间，你曾因心情不好而去破坏学校的公共物品吗？（　）

A. 有过且经常　　B. 有过但极少

C. 没有过　　D. 其他________

17. 你同意作为一名大学生，应极力维护公共利益，遵守公共道德规范吗？（　）

A. 完全同意　　B. 基本同意

C. 不确定　　　　D. 基本不同意

E. 完全不同意

18. 阅读图书馆的图书时，你会怎么做？（　）

A. 不在书中做标记，保持图书整洁

B. 会用铅笔做标记，还书时再擦掉

C. 做一些无法抹去的标记以便查看

D. 遇到需要的内容直接撕下为我所用

E. 其他________

19. 对于参与校内外公益志愿活动，你的想法是什么？（　）

A. 积极创造机会参加

B. 有空就愿意参加

C. 学校学院有要求的话就参加

D. 能不参加就不参加

E. 与我无关，从不参加

F. 其他________

20. 你在大学期间有无偿献血经历吗？（　）

A. 3 次以下　　　　B. 3 次以上

C. 没有　　　　D. 其他________

21. 若没车没人，红灯你也会过马路（　）

A. 完全符合　　　　B. 基本符合

C. 有些符合　　　　D. 不怎么符合

E. 完全不符合

22. 你赞同“自身利益能得到最大满足，违背一点儿道德规范没关系”吗？（　）

A. 完全同意　　　　B. 基本同意

C. 部分同意　　　　D. 不怎么同意

E. 完全不同意

23. 假如你工作后有一定实权，在工作中你会怎么做？（　）

A. 秉公办事，遵守法律、法规

B. 除熟人外，尽量秉公办事

C. 利用职权谋取私利

D. 说不好，依情况而定

E. 其他________

24. 你对于校规校纪的具体守则了解多少？(　)

A. 完全了解　　B. 基本了解

C. 有些了解　　D. 不怎么了解

E. 完全不了解

25. 去超市购物时，你购买塑料袋吗？(　)

A. 经常　　B. 偶尔

C. 几乎不　　D. 从不

E. 其他________

26. 你有过伤害动物的行为吗？(　)

A. 总是　　B. 经常

C. 偶尔　　D. 极少

E. 从来没有　　F. 其他________

27. 在学校餐厅就餐时，发现饭菜不卫生，你会怎么做？(　)

A. 抱怨几句，算自己倒霉

B. 不打扰别人用餐的情况下，找相关负责人协商解决

C. 十分不满，立即找餐厅员工理论

D. 大吵大闹，引起其他同学的注意

E. 事后向学校相关部门反映，提出更改建议

28. 教师布置一项个人较难独立完成的任务，你会愿意与他人分工合作吗？(　)

A. 完全愿意　　B. 基本愿意

C. 不确定　　D. 基本不愿意

E. 完全不愿意

最后，再次感谢你的积极配合，祝学业进步，生活愉快！

(如你对本调查问卷形式或内容有何建议可写至背面空白处)

参考文献

一、著作

[1] 马克思恩格斯文集：第1卷 [M]. 北京：人民出版社，2009.

[2] 马克思恩格斯文集：第2卷 [M]. 北京：人民出版社，2009.

[3] 马克思恩格斯文集：第5卷 [M]. 北京：人民出版社，2009.

[4] 马克思恩格斯文集：第9卷 [M]. 北京：人民出版社，2009.

[5] 毛泽东文集：第7卷 [M]. 北京：人民出版社，1999.

[6] 邓小平文选：第2卷 [M]. 北京：人民出版社，1994.

[7] 江泽民文选：第2卷 [M]. 北京：人民出版社，2006.

[8] 胡锦涛文选：第3卷 [M]. 北京：人民出版社，2016.

[9] 习近平谈治国理政：第1卷 [M]. 北京：外文出版社，2018.

[10] 习近平谈治国理政：第2卷 [M]. 北京：外文出版社，2017.

[11] 习近平谈治国理政：第3卷 [M]. 北京：外文出版社，2020.

[12] 习近平. 在纪念孔子诞辰2565周年国际学术研讨会暨国际儒学联合会第五届会员大会开幕会上的讲话 [M]. 北京：人民出版社，2014.

[13] 习近平. 做焦裕禄式的县委书记 [M]. 北京：中央文献出版社，2015.

[14] 习近平. 决胜全面建成小康社会　夺取新时代中国特色社会主义伟大胜利——在中国共产党第十九次全国代表大会上的报告 [M]. 北京：人民出版社，2017.

[15] 习近平. 在全国抗击新冠肺炎疫情表彰大会上的讲话 [M]. 北京：人民出版社，2020.

[16] 教育部课题组. 深入学习习近平关于教育的重要论述 [M]. 北京：人民出版社，2019.

[17] 中共中央文献研究室．习近平关于青少年和共青团工作论述摘编［M］．北京：中央文献出版社，2017.

[18] 本书编写组．习近平总书记教育重要论述讲义［M］．北京：高等教育出版社，2020.

[19] 十六大以来重要文献选编（上）［M］．北京：中央文献出版社，2005.

[20] 中共中央文献研究室．习近平关于实现中华民族伟大复兴的中国梦论述摘编［M］．北京：中央文献出版社，2013.

[21] 费孝通．乡土中国［M］．北京：北京出版社，2009.

[22] 杨鑫辉．现代大教育观——中外名家教育思想研究［M］．南昌：江西教育出版社，1990.

[23] 梁启超．新民说［M］．郑州：中州古籍出版社，1998.

[24] 教育部社会科学研究与思想政治工作司．思想政治教育方法论［M］．北京：高等教育出版社，1999.

[25] 郑永廷．思想政治教育方法论［M］．北京：高等教育出版社，1999.

[26] 夏甄陶．人是什么［M］．北京：商务印书馆，2000.

[27] 黄钊，等．中国道德文化［M］．武汉：湖北人民出版社，2000.

[28] 许国志．系统科学［M］．上海：上海科技教育出版社，2000.

[29] 高兆明．社会失范论［M］．南京：江苏人民出版社，2000.

[30] 钟明华，李萍，等．马克思主义人学视域中的现代人生问题［M］．北京：人民出版社，2006.

[31] 张耀灿，郑永廷，吴潜涛，等．现代思想政治教育学［M］．北京：人民出版社，2006.

[32] 李佃来．公共领域与生活世界——哈贝马斯市民社会理论研究［M］．北京：人民出版社，2006.

[33] 陈秉公．思想政治教育学原理［M］．北京：高等教育出版社，2006.

[34] 严励．秩序的中国解读：转型期中国社会矛盾之研究［M］．上海：上海社会科学出版社，2007.

[35] 张岂之．中华人文精神［M］．增订本．西安：陕西人民出版社，2007.

[36] 郑雪．人格心理学［M］．广州：暨南大学出版社，2017.

[37] 吴潜涛．论公共伦理与公德［M］．武汉：湖北人民出版社，2008.

[38] 卜玉华．班级生活与公共精神的养成［M］．南京：江苏教育出版社，2008.

[39] 彭立群．公共领域与宽容［M］．北京：社会科学文献出版社，2008.

[40] 李兰芬. 当代中国德治研究 [M]. 北京：人民出版社，2008.

[41] 黄书光. 价值观念变迁中的中国德育改革 [M]. 南京：江苏教育出版社，2008.

[42] 李芳. 大学生公民素质教育：理论探讨与实证研究 [M]. 北京：中国社会科学出版社，2008.

[43] 吴忠民. 走向公正的中国社会 [M]. 济南：山东人民出版社，2008.

[44] 李志强. 走进生活的道德教育——杜威道德教育思想研究 [M]. 北京：中国社会科学出版社，2009.

[45] 教育部思想政治工作司. 大学生思想政治教育理论与实践 [M]. 北京：高等教育出版社，2009.

[46] 王坤庆. 精神与教育——一种教育哲学视角的当代教育反思与建构 [M]. 武汉：华中师范大学出版社，2009.

[47] 李辉，等. 大学生环境适应优化理论与方法 [M]. 北京：人民出版社，2010.

[48] 鲁洁，王逢贤. 德育新论 [M]. 南京：江苏教育出版社，2010.

[49] 严洁，等. 公民文化与和谐社会调查数据报告 [M]. 北京：社会科学文献出版社，2010.

[50] 吴潜涛，等. 当代中国公民道德状况调查 [M]. 北京：人民出版社，2010.

[51] 刘鑫淼. 当代中国公共精神的培育研究 [M]. 北京：人民出版社，2010.

[52] 秦菊波. 马克思主义视域下阿伦特公共性思想研究 [M]. 北京：人民出版社，2010.

[53] 檀传宝. 浪漫·自由与责任 [M]. 上海：华东师范大学出版社，2012.

[54] 章秀英. 公民意识评价与培育机制 [M]. 北京：中国社会科学出版社，2012.

[55] 王焕清，魏国华. 志愿行动与文明社会建设 [M]. 北京：人民出版社，2012.

[56] 余少波. 人的哲学理论——对马克思恩格斯思想一种阐释 [M]. 北京：社会科学文献出版社，2016.

[57] 周家荣. 社会主义核心价值体系研究：马克思主义价值哲学视角 [M]. 北京：人民出版社，2014.

[58] 程东峰. 责任与自由——当代中国青少年成长研究 [M]. 北京：人民出版社，2014.

[59] 李大健. 多维审视与理性涵育——大学生社会主义核心价值体系教育研究［M］. 北京：人民出版社，2015.

[60] 张云飞，等. 为了人民的幸福和尊严：中国特色社会主义社会建设的理论与实践［M］. 北京：人民出版社，2015.

[61] 陶磊. 思想政治教育公共性研究［M］. 南京：东南大学出版社，2018.

[62] 朱清河. 大众传媒公共性研究［M］. 北京：中国人民大学出版社，2017.

[63] 陈付龙. 当代中国社会公共生活建设研究［M］. 北京：人民出版社，2018.

[64] 中国志愿服务联合会. 邻里守望在中国［M］. 北京：人民出版社，2017.

[65]《思想政治教育学原理》编写组. 思想政治教育学原理［M］. 2版. 北京：高等教育出版社，2018.

[66] 杨宝忠. 社会主义和谐文化研究［M］. 北京：人民出版社，2018.

[67] 罗国杰. 社会主义道德体系研究［M］. 北京：中国人民大学出版社，2018.

[68] 陈忠炜. 社会公共意识论［M］. 南京：南京大学出版社，2018.

[69] 徐仲伟，闵绪国，魏钢. 网络社会公德建设研究［M］. 北京：中国人民大学出版社，2018.

[70] 石沁禾. 高校公共危机管理中思想政治教育研究［M］. 南京：南京大学出版社，2018.

[71] 闫方洁. 自媒体时代意识形态工作研究［M］. 北京：人民出版社，2018.

[72] 新时代公民道德建设实施纲要［M］. 北京：人民出版社，2019.

[73] 惠春寿. 公共证成与美好生活——政治至善论的新路径［M］. 南京：江苏人民出版社，2019.

[74] 吴康宁，等. 教育改革的社会支持［M］. 北京：人民出版社，2019.

[75] 林美茂. 公共哲学序说［M］. 北京：中国人民大学出版社，2020.

[76] 黄荣贵. 互联网时代的社群与表达［M］. 上海：上海社会科学院出版社，2020.

[77] 刘文富. 网络社会与公共治理［M］. 北京：中国人民大学出版社，2020.

[78] 雅斯贝尔斯. 什么是教育［M］. 邹进，译. 北京：生活·读书·新知三联书店，1991.

[79] 卢梭. 卢梭文集：社会契约论［M］. 何兆武，译. 北京：红旗出版社，1997.

[80] 萨托利. 民主新论［M］. 冯克利，阎克文，译. 北京：东方出版社，1998.

[81] 尤尔根·哈贝马斯. 公共领域的结构转型［M］. 曹卫东，译. 上海：学林出版社，1999.

［82］亚里士多德. 亚里士多德选集：伦理学卷［M］. 苗力田，译. 北京：中国人民大学出版社，1999.

［83］汉娜·阿伦特. 人的条件［M］. 竺乾威，等译. 上海：上海人民出版社，1999.

［84］罗尔斯. 政治自由主义［M］. 万俊人，译. 南京：译林出版社，2000.

［85］罗伯特·帕特南. 使民主运转起来：现代意大利的公民传统［M］. 王列，赖海榕，译. 南昌：江西人民出版社，2001.

［86］乔治·弗雷德里克森. 公共行政的精神［M］. 张成福，等译. 北京：中国人民大学出版社，2003.

［87］夸美纽斯. 大教学论·教学法解析［M］. 任钟印，译. 北京：人民教育出版社，2006.

［88］海德格尔. 存在与时间［M］. 陈嘉映，王庆节，译. 北京：生活·读书·新知三联书店，2006.

［89］托马斯·费兹科，约翰·麦克卢尔. 教育心理学——课堂决策的整合之路［M］. 吴庆麟，等译. 上海：上海人民出版社，2008.

［90］亚当·斯密. 道德情操论［M］. 王秀莉，译. 上海：上海三联书店，2008.

［91］齐格蒙特·鲍曼. 作为实践的文化［M］. 郑莉，译. 北京：北京大学出版社，2009.

［92］大卫·雷·格里芬. 后现代精神［M］. 王成兵，译. 北京：中央编译出版社，2011.

［93］HARRIS J. Private lives, public spirit: A social history of Britain, 1870—1914［M］. Oxford: Oxford University Press, 1993.

［94］ROMANI R. National character and public spirit in Britain and France, 1750—1914［M］. Cambridge: Cambridge University Press, 2001.

二、期刊

［1］龙红霞. 公共性视域中德育“成人”的意蕴及其实践［J］. 中国教育学刊，2021（9）.

［2］丁强，牟德刚，孔德民. 突发公共事件中网络意识形态风险的表象、生成与治理［J］. 思想教育研究，2021（8）.

［3］王晓珊，刘俊峰. 网络公共事件中大学生群体意识的发生及其引导［J］. 学校党建与思想教育，2021（11）.

［4］蔡迎旗，黎平辉，王佳悦. 从“私性”意识到“公共”精神：论当代中国儿童家庭教育变革［J］. 当代青年研究，2021（4）.

［5］张本青，李红革. 重大突发公共事件引发的网络意识形态安全风险防范化解策略研究［J］. 学校党建与思想教育，2021（5）.

［6］杨淑萍，何明炳. 新媒体信息质量对青少年公共意识影响的实证分析［J］. 教育科学，2020（4）.

［7］李泽泉. 国家治理现代化视域下的社会道德环境建设［J］. 中国特色社会主义研究，2020（Z1）.

［8］焦方红. 群组管理视角下班级关系对公共情怀养成的作用及应用［J］. 教育理论与实践，2021（2）.

［9］李仁杰. 培育学生公共参与精神：现代学校教育的重要任务［J］. 教育理论与实践，2021（19）.

［10］吴汉全. 五四时期公共意识的兴起与私人空间的压缩——基于五四时期社团中戒约、会议、日记等的考察［J］. 学术界，2021（4）.

［11］吉喆，崔艳龙. 重大疫情中大学生公共精神培育路径研究［J］. 思想政治教育研究，2021（1）.

［12］郑士鹏. 公共精神培育与社会责任建构——学习伟大抗疫精神启思［J］. 中国特色社会主义研究，2020（Z1）.

［13］张昭炜. 以公共性为特征的现代伦理学萌芽——方以智论道德体用及公私［J］. 南京大学学报（哲学·人文科学·社会科学版），2021（1）.

［14］赖尚清. 论儒家的道德律：普遍公共利益原则［J］. 中国哲学史，2021（4）.

［15］任少波，范宁宇. 道德教育共同体：学校道德教育的公共性建构［J］. 教育研究，2021（5）.

［16］李辉. 战“疫”中的大学生群体画像［J］. 人民论坛，2020（S1）.

［17］张冬毛，胡穗. 儒家伦理公共交往理论及其当代价值［J］. 广东社会科学，2020（6）.

［18］张彦，郗凤芹. 共同体化：当代道德教育的一种新向度［J］. 浙江大学学报（人文社会科学版），2020（5）.

［19］叶飞. 当代道德教育与“公共人”的培育［J］. 南京社会科学，2020（8）.

［20］孙春晨. 新时代公民道德建设的公共政策价值导向［J］. 东岳论丛，2020（8）.

［21］王小章，冯婷. 新人与新民：认同的重塑与道德的转型［J］. 浙江社会科学，2020（7）.

[22] 袁祖社. 道德共识与人类共同价值建构——后全球化时代人类公共性实践及其集体行动的逻辑 [J]. 学术研究, 2020 (6).

[23] 叶飞. 当前学校道德教育的个体化困境及其超越 [J]. 国家教育行政学院学报, 2020 (6).

[24] 晏辉. 公共危机与道德人格——关于抗击新冠病毒疫情的思考 [J]. 江西社会科学, 2020 (5).

[25] 王洪波. 历史唯物主义的公共性维度下主体公共精神的当代建构 [J]. 社会科学辑刊, 2020 (4).

[26] 韦仕祺. 公共精神的失落根源与矫治 [J]. 人民论坛, 2019 (24).

[27] 张晓, 叶先进. 自媒体时代公共精神的失落与重建 [J]. 人民论坛, 2019 (5).

[28] 崔建利, 崔华华. 公共精神: 大学治理现代化的应然诉求 [J]. 内蒙古社会科学 (汉文版), 2019 (1).

[29] 邵成智. 社会同情与公共精神的涵育 [J]. 宁夏社会科学, 2018 (6).

[30] 张勇锋. 服务、纽带与公共精神——从《哈罗人》解读英国公办社区杂志 [J]. 湖南师范大学社会科学学报, 2018 (5).

[31] 张洁. 个体化时代公共精神的培育困境及其超越 [J]. 云南行政学院学报, 2018 (4).

[32] 陈劲松. 大公无私: 传统中国颇具代表性的公共精神 [J]. 人民论坛, 2018 (19).

[33] 崔建利. 大学生公共精神培育的文化困境及破解 [J]. 江苏高教, 2018 (5).

[34] 杨淑萍. 公共精神的生发逻辑及青少年公共精神的培育路径 [J]. 教育研究, 2018 (3).

[35] 薛俊义. 90 后大学生公共精神培育路径 [J]. 人民论坛, 2017 (22).

[36] 李慧. 基于学校公共生活拓展的大学生思想政治教育研究 [J]. 教育理论与实践, 2017 (21).

[37] 宋洁. 利己与利他: 公共精神教育内外张力关系探微 [J]. 教育评论, 2017 (11).

[38] 戚万学. 论公共精神的培育 [J]. 教育研究, 2017 (11).

[39] 陈绪赣. 公共性: 公共精神探源 [J]. 学术探索, 2017 (10).

[40] 户晓坤. 新媒介公共文化空间建构与青年学生公共精神培育 [J]. 思想理论教育, 2017 (8).

[41] 仇珊华. 公共精神: 公德的价值之维 [J]. 道德与文明, 2017 (3).

[42] 马静. 论社会治理现代化与公共精神的重塑 [J]. 广西社会科学, 2017 (4).

[43] 张承安, 师晓倩. 现代性扩张对公共精神的背离与复归 [J]. 湖南社会科学, 2017 (2).

[44] 陈富国, 黄晓妹. 生态视阈下公共精神的阙如与提升 [J]. 长白学刊, 2017 (2).

[45] 盖立涛. 墨家的天下关怀与公共精神 [J]. 理论月刊, 2017 (3).

[46] 康丽丽, 唐庆鹏. 青年大学生参与突发公共事件网络舆情的现状调查及引导对策 [J]. 电子政务, 2017 (6).

[47] 李敏, 张志坤. 公共精神的新德育目标分析及其教学实现——对《义务教育思想品德课程标准（2011 年版）》中"公共精神"的解读 [J]. 课程·教材·教法, 2017 (2).

[48] 张文. 社会转型背景下公共精神的内涵与重塑 [J]. 山东社会科学,2017 (1).

[49] 敖洁, 艾楚君. 公共精神: 大学生公民教育的价值依归 [J]. 湖南师范大学教育科学学报, 2016 (6).

[50] 张承安, 邹亚楠. 网格化社区治理中培育公共精神的可能路径 [J]. 湖南科技大学学报（社会科学版）, 2016 (6).

[51] 于荣霞, 方芳. 青年德性发展离不开公共精神的培养 [J]. 人民论坛, 2016 (24).

[52] 唐彬. 论当代大学生公共精神培育 [J]. 教育探索, 2015 (12).

[53] 李霞. 善治视域下当代大学生公共精神培育的新向度 [J]. 中国成人教育, 2015 (11).

[54] 刘煦, 吴亚男, 张干群. 公共关系教学与大学生就业能力培养浅析 [J]. 中国成人教育, 2015 (11).

[55] 郭瑾. 90 后大学生的社交媒体使用与公共参与—— 一项基于全国 12 所高校大学生调查数据的定量研究 [J]. 黑龙江社会科学, 2015 (1).

[56] 曲彦, 陈士勇. 社会转型期大学生的公共精神教育 [J]. 教育与职业, 2014 (23).

[57] 李小兰. 协同治理视域下大学生公共精神的培育 [J]. 当代青年研究, 2014 (2).

[58] 莫春菊. 走向公共性: 大学生思想政治教育现代化的必然选择 [J]. 江苏高教, 2014 (2).

[59] 薛俊义. 社会转型视域下"90 后"大学生公共精神的培育 [J]. 学术论坛, 2014 (11).

[60] 曹玲，胡凯. 当代大学生公共精神培育刍议 [J]. 中南大学学报（社会科学版），2013 (6).

[61] 徐锋华，李健. 应然性视域中大学生公共精神培育的实施 [J]. 高等农业教育，2013 (3).

[62] 徐锋华. “90 后”大学生公共精神培育的路径探讨 [J]. 教育探索，2013 (1).

[63] 王沁，杜朝东，徐琼，等. 大学生突发公共卫生事件知识与应对现状分析 [J]. 中国学校卫生，2013 (11).

[64] 金飞. 公共理性精神的构建：自媒体环境下大学生思想政治教育的新视野 [J]. 思想教育研究，2013 (9).

[65] 张勋宗. 网络社会语境下突发公共事件中大学生的道德观表现及价值追求 [J]. 新闻界，2013 (14).

[66] 丁心镜. 公共关系与大学生素质教育之关系辨析 [J]. 黑龙江高教研究，2013 (5).

[67] 陈立栋. 大学生公德行为培育略论 [J]. 学校党建与思想教育，2013 (7).

[68] 徐锋华，祁正新. 论大学生公共精神培育的价值 [J]. 江苏高教，2012 (5).

[69] 李宇杰. 大学生公共行为特点及影响因素的研究——以桂林市 8 所高校大学生的调查数据为例 [J]. 思想教育研究，2012 (6).

[70] 彭凤飞. 民办高校宿舍管理中培养大学生公共精神问题探讨 [J]. 湖北科技学院学报，2012 (11).

[71] 秦菊波，李冬. 当代大学生公共意识与公共精神研究综述 [J]. 当代教育论坛，2012 (2).

[72] 吴磊. 关爱生命：大学生公共精神培育的时代诉求 [J]. 内蒙古农业大学学报（社会科学版），2012 (1).

[73] 田媛，李梁. 当代大学生公共精神培育再思考 [J]. 社科纵横，2012 (9).

[74] 曾琰. 公共精神：志愿精神培育的内核 [J]. 思想理论教育，2012 (15).

[75] 李定庆，柯修. 论公民视角下大学生公共精神的培养 [J]. 太原大学学报，2011 (4).

[76] 周文萍，曾强，雷存喜. 大学生网络责任意识的培养意义与途径 [J]. 湖南城市学院学报，2011 (3).

[77] 崔小璐，陈小琼. 大学生思想政治教育应对突发公共事件有效性研究 [J]. 思想理论教育导刊，2010 (10).

[78] 董焕敏，李智军. 高校学生社区管理的善治与大学生公共精神的培育 [J]. 广西社会科学，2010 (8).

[79] 苏礼和. 公共理性：现代多元社会的价值诉求 [J]. 长安大学学报（社会科学版），2009 (1).

[80] 秦菊波，段志军. 中国传统公私观念与现代公共精神的培育 [J]. 求索，2009 (4).

[81] 路壮志. 和谐社会视野下的大学生公共精神塑造 [J]. 安徽工业大学学报（社会科学版），2009 (1).

[82] 刘政妍，李贺. 大学生公共精神现状调查分析——以沈阳某大学城为例进行的研究 [J]. 中国商界（下半月），2009 (3).

[83] 俞睿. 公共领域与公共精神的关系演变 [J]. 理论探索，2008 (6).

[84] 陈永森. 和谐社会与公民的公共精神 [J]. 思想理论教育，2008 (23).

[85] 卜玉华. 班级生活与公共精神的养成 [J]. 中国德育，2008 (6).

[86] 丛知. 公民公共精神缺失的社会根源与催生的“土壤” [J]. 福建行政学院学报，2008 (6).

[87] 袁祖社. 中国传统社会的“伦理本位”特质与民众“公共精神”的缺失——立足于现代普遍主义的公共性社会信念的反思 [J]. 陕西师范大学学报（哲学社会科学版），2007 (5).

[88] 邓莉雅. 论公民公共精神教育中权利向度与德性向度的统一 [J]. 思想理论教育，2007 (1).

[89] 陈付龙，陈富国. 普遍公共精神的现代建构：是否可能与如何可能 [J]. 内蒙古社会科学（汉文版），2007 (4).

[90] 秦树理. 自愿服务：培养大学生公共精神的重要途径 [J]. 中州学刊，2007 (5).

[91] 汪娟. 新时期公共精神思想理论研究的新发展 [J]. 求索，2007 (7).

[92] 王玉忠. 网络环境下高校道德教育的困境与对策 [J]. 黑龙江高教研究，2007 (7).

[93] 刘鑫森. 公共精神：现代公民的核心品质 [J]. 经济与社会发展，2006 (6).

[94] 马汝伟. 新时期大学生公共精神的塑造 [J]. 黑龙江高教研究，2006 (4).

[95] 张亚泽. 公共精神与和谐社会的公民之维 [J]. 内蒙古社会科学（汉文版），2006 (3).

[96] 何植民. 当代大学生公共精神的培育 [J]. 当代青年研究，2006 (12).

[97] 袁祖社. “公共精神”：培育当代民族精神的核心理论维度 [J]. 北京师范大学学报（社会科学版），2006 (1).

[98] 王志军，苏志强，彭国军. 对深化大学生社会实践活动的思考 [J]. 高教与经济，2006 (1).

[99] 龙迎伟. 当代公共精神生活管理的客观现实性与实现过程 [J]. 求索，2006 (8).

[100] 刘鑫淼，林春逸. 培育公共精神 构建和谐社会 [J]. 毛泽东邓小平理论研究，2005 (8).

[101] 罗国斌，曾昭皓. 论大学生公共精神的缺失及其对策 [J]. 经济与社会发展，2005 (2).

[102] 胡弘弘. 论公民意识的内涵 [J]. 江汉大学学报 (人文科学版)，2005 (1).

[103] 顾成敏. 当代西方公民德性理论与我国公民精神的建构 [J]. 石油大学学报，2005 (6).

[104] 贺幸平. 论高校校园文化环境建设 [J]. 湖南社会科学，2005 (6).

[105] 李萍. 论公共精神的培养 [J]. 北京行政学院学报，2004 (2).

[106] 刘亚亮. 公共精神：我国公共行政的现实价值向度 [J]. 甘肃行政学院学报，2004 (4).

[107] 彭继红. 论 20 世纪中国公共精神的复兴和重建 [J]. 湖南师范大学社会科学学报，2003 (6).

[108] 李小林. 谈校园文化与大学生心理健康 [J]. 中国高等教育，2002 (21).

[109] 金生鈜. 道德教育与公共理性的发展 [J]. 现代教育论丛，2002 (6).

[110] 谭莉莉. 公共精神：塑造公共行政的基本理念 [J]. 探索，2002 (4).

三、博硕论文

[1] 李曼. 我国公民公共精神的培育研究 [D]. 济南：山东师范大学，2012.

[2] 郭李君. 现代化视域下大学生公共精神培育研究 [D]. 上海：华东师范大学，2011.

[3] 张振琪. 公务员公共精神及其培育研究 [D]. 湘潭：湘潭大学，2011.

[4] 曾爱华. 大学生公共精神培养及其课程整合 [D]. 南京：南京航空航天大学，2008.

[5] 王雪朋. 新时代大学生公共精神培育研究 [D]. 济南：山东大学，2019.

[6] 梁清. 批判与扬弃：教育异化论 [D]. 长春：东北师范大学，2006.

四、报纸会议

[1] 习近平. 做党和人民满意的好老师 [N]. 人民日报，2014-09-10 (002).

[2] 习近平. 在庆祝中国共产党成立95周年大会上的讲话 [N]. 人民日报, 2016-07-02 (002).

[3] 唐斌. 国家治理现代化中公共精神的培育 [N]. 中国社会科学报, 2021-07-21 (008).

[4] 李瑶. 以重大事件为契机引导大学生培育和践行社会主义核心价值观 [N]. 中国社会科学报, 2020-03-23 (004).

[5] 陈富国. 推进国家治理现代化需要培育公共精神 [N]. 中国社会科学报, 2020-07-08 (010).

[6] 施芸卿. 在宿舍实践公共精神和契约精神 [N]. 光明日报, 2016-05-06 (002).

[7] 谢文, 韩寒. 宿舍文明要体现公共伦理精神 [N]. 光明日报, 2016-06-26 (008).

[8] 孙海洋. 公共精神与国家治理现代化 [N]. 中国社会科学报, 2015-09-16 (007).

[9] 方劲. 以公共精神重建"地方共同体" [N]. 中国社会科学报, 2014-12-22 (C02).

[10] 韩春晖. 以法治呵护公共精神成长 [N]. 人民日报, 2014-01-06 (005).

[11] 刘春泽. 大学生公共理性教育应得到重视 [N]. 光明日报, 2013-06-24 (016).

[12] 张洋. 理性引导公民公共精神 [N]. 人民日报, 2012-07-18 (017).

[13] 于文秀. 大学精神与公共关怀 [N]. 光明日报, 2009-02-04 (011).

[14] 王宏维. 和谐社会催生现代公共精神 [N]. 南方日报, 2009-01-16 (A08).

[15] 赵爱玲. 大力培育公共精神的两个突破口 [N]. 北京日报, 2008-05-14 (020).

[16] 龙兴海. 大力培育公民的公共精神 [N]. 光明日报, 2007-08-28 (011).

后 记

本书是在我硕士毕业论文的基础上修改补充、丰富完善而成的。对现代化变迁中出现的大学生公共精神问题，我在工作中时常思考：作为一名高校学生工作者，真切看到的、深入了解的学生群体的公共精神实然状况与当年置身象牙塔处于学生角色的自己所调查的结果有何异同？作为高校教学单位、职能部门又该如何关照当下，关切学生公共精神向应然状况的提升？此为我之惑。加之，庚子鼠年之春，一场突如其来的新冠肺炎疫情搅扰了中国春节的愉悦氛围，亲历了全国人民上下齐心办大事，同仇敌忾抗疫情，打赢的一场场抗疫胜仗，也目睹了涌现出的一批批青年志愿者勇赴一线，不惧生死的公共精神的高扬。此为我之喜。一惑一喜，促成我在硕士毕业论文的基础上继续深入展开相关研究，并行文成书。本书的出版，受到许多人的帮助与支持。

首先，我要感谢恩师李辉教授。2012 年我有幸成为李辉老师的一名硕士研究生，李辉老师渊博的知识、睿智的学术思维、和善的待人方式深深地影响着我，成为我前行路上的榜样。我的硕士论文，从选题到定稿，李辉老师给予了全程悉心指导。2018 年，受益于高校思想政治工作骨干在职攻读博士学位专项计划，我考取中山大学思想政治教育专业在职博士，李辉老师再次成为我学术路上的引航人。每当我有了学术问题的困扰，李辉老师总是耐心回应，并进行细致的启发式指导，使我在工作、学业上不断跃升新台阶。我铭记于心，感恩在怀。

其次，我要感谢家人一直以来的信赖与支持。感恩父母，付出艰辛抚养我长大成人，现又帮我照看孩子忙碌无休。感谢先生，我们已携手度过 7

个春秋，他默默承担了家庭的重担，让我工作学业无后顾之忧。感谢儿子：你的笑容像是每日暖阳伴我前行，过去，错过了太多你的顽皮嬉戏，未来，妈妈绝不缺席。

当代大学生公共精神的培育关涉大中小学各阶段、家庭学校社会各方位，学生个体发展全过程，是一个庞大复杂的系统工程。随着对本课题深入的思考及论证，我深感对此研究的重要性与困难性。受客观条件、个人学识、研究水平所限，本书部分内容仍须继续深化提炼，错谬之处希望各位读者批评指正。

许丹丹

2021 年 10 月

广州暨南园